本书是2021年度国家社科基金重点项目“中国共产党革命精神谱系研究”（项目编号：21ADJ011）的阶段性成果

高等学校中国共产党革命精神与文化资源研究中心
教育部高等学校社会科学发展研究中心
组编

红色旧址手绘系列读本

王炳林　杨敬民·总主编

百年红色记忆

黑龙江卷

陈　君　李洪光◎主编
焦红瑞◎执行主编

中国文史出版社

图书在版编目（CIP）数据

百年红色记忆．黑龙江卷 / 陈君，李洪光主编．--
北京：中国文史出版社，2020.11

（红色旧址手绘系列读本）

ISBN 978-7-5205-2860-3

Ⅰ．①百… Ⅱ．①陈… ②李… Ⅲ．①革命纪念地—黑龙江省—图集 Ⅳ．① K928.72

中国版本图书馆 CIP 数据核字（2020）第 256953 号

责任编辑：金　硕　刘华夏

出版发行：中国文史出版社
社　　址：北京市海淀区西八里庄路 69 号　邮编：100142
电　　话：010－81136606　81136602　81136603（发行部）
传　　真：010－81136655
印　　装：三河市华东印刷有限公司
经　　销：全国新华书店
开　　本：710mm×1000mm　1/16
印　　张：15.5
字　　数：222 千字
版　　次：2023 年 4 月北京第 1 版
印　　次：2023 年 4 月第 1 次印刷
定　　价：98.00 元

总　序

王炳林
（教育部高等学校社会科学发展研究中心主任）

习近平总书记指出，“革命文物承载党和人民英勇奋斗的光荣历史，记载中国革命的伟大历程和感人事迹，是党和国家的宝贵财富，是弘扬革命传统和革命文化、加强社会主义精神文明建设、激发爱国热情、振奋民族精神的生动教材。”从建党的开天辟地，到新中国成立的改天换地，到改革开放的翻天覆地，再到党的十八大以来的惊天动地，一路走来，中国共产党人在创造辉煌历史和精神财富的同时，也留下了灿若星辰的革命旧址。这些旧址犹如一个个脚印，印证着中国共产党诞生、发展、壮大的波澜壮阔的历程。如果说百年历史是一幅宏伟壮丽的历史画卷，那么这一处处革命旧址就是画卷上一抹抹鲜艳亮丽的色彩；如果说百年历史是一首气壮山河的乐曲，那么这一处处革命旧址就是乐章中一个个有着铿锵韵律的音符。

红色革命旧址主要包括革命人物旧居、重要战场遗址、重大革命事件发生地、重要革命建筑，以及为纪念重大事件和缅怀英烈而建的各类纪念建筑等，从南湖红船到井冈山革命根据地，从延安宝塔山到北京香山，从上海石库门到北京天安门……串联起革命、建设和改革的全过程，记录着中国共产党团结带领中国人民为争取民族独立、人民解放和实现国家富强、人民富裕而不懈奋斗的历史，见证着中国共产党人的初心使命，承载着中华民族共同的历史记忆，是进行爱国主义和革命传统教育的宝贵历史资源。革命旧址蕴藏着爱国、团结、奋斗、创造、梦想等优秀特质和禀赋，深刻影响着当代中国人的精神世界，是凝聚人心、推动社会进步的强大力量。因此，充分认识革命文物工作在见证革命历史、弘扬革命精神上的重要作用，切实把革命文物保护好、管理好、运用好，对激发广大干部群众的精神力量，信心百倍为全面建设社会主义现代化国家、实现中华民族伟大复兴中国梦而奋斗有重要意义。

在中国共产党成立100周年之际，教育部高等学校社会科学发展研究中心、高等学校中国共产党革命精神与文化资源研究中心联系相关高校，以省域为单位组织编写《红色旧址手绘系列读本》。在时间上，主要突出从1919年五四运动爆发至1949年中华人民共和国成立的革命历史，适当向社会主义革命和建设时期延伸；在空间上，主要涵盖了北京、河北、黑龙江、湖北、江西、浙江等六省市的红色遗存；在类型上，主要突出重要领导机构旧址、重要会议旧址、重要人物故居、重要事件遗址遗迹、重要纪念地场馆等，并适当向相关爱国主义教育基地延伸；在表现形式上，坚持艺术的真实与史实的真实相结合，线条为主，晕染为辅，凸显革命旧址的主体性与符号性，展现中国共产党艰辛而又辉煌的奋斗历程，注重形神统一，营造较强的视觉冲击力和艺术感染力。

本书力图呈现以下特点：

一是坚持政治性和艺术性相统一。“文章合为时而著，歌诗合为事而作。”突出用艺术来讲政治，以中国共产党发展历程中重要红色遗址为主要内容，通过精美的手绘、生动的语言、丰富的史料、严谨的编排，创新革命文化传播方式，为开展党史学习教育提供生动教材。通过运用构图、线条、造型、色彩等艺术手法，以图读史、以图学史、以图记史、以图证史，多角度挖掘革命旧址的崇高美，增强爱国主义和革命传统教育的感染力。书中呈现的一幅幅画作，不仅是对革命旧址艺术化的展现，更是对党领导人民革命、建设、改革实践的钩沉。这些场景连点成线、串线成面，共同交织出中国共产党百年波澜壮阔的奋斗历程，让读者在感受红色旧址美感的同时，经受灵魂的洗礼。

二是坚持学术性和通俗性相统一。以党的三个历史决议为依据，选取中国共产党百年历程中具有典型性和代表性的革命旧址进行展现，勾勒出中国共产党艰苦卓绝的奋斗史，系统展现重要思想理论和历史活动，具有一定学术价值。在介绍革命旧址的基本状况、文保状况时，注重与时俱进吸纳革命文物普查的最新资料。描述革命旧址相关的历史事件、重要人物时，注重突出主题主线、主流本质，旗帜鲜明反对历史虚无主义。在坚持学术性的同时，注重运用通俗化的语言生动活泼地讲好革命故事，做到以情动人、以故事感染人。

三是坚持历史性和现实性相统一。革命历史波澜壮阔，红色旧址光芒永存。红色革命旧址是党史研究的聚宝盆，革命精神传承的压舱石，红色文化资源育人的主阵地。着力通过展示旧址讲党史，突出见人见物见精神。引导人们在求“历史之实”的基础上进一步求“历史之是”，在对历史与现实的比较中，弄清楚红色政权是从哪里来的、新中国是怎么建立起来的，不断增强道路自信、理论自信、制度自信、文化自信。

希望丛书的出版，能够让读者在感受艺术熏陶的同时，更为直观地了解中华英雄儿女为革命、建设、改革不懈奋斗的历史。书的图片和文字是静止的，但精神却是跃动的。如果能够通过这套丛书的出版为创新红色基因传承路径提供一些借鉴和参考，那无疑是所有编撰者的最大心愿，也必将成为我们继续推进以省域为单位的红色旧址手绘系列读本编绘工作的强大动力。

2021 年 11 月

前　言

黑龙江省地处祖国东北边陲，是亚洲与太平洋地区陆路通往俄罗斯和欧洲大陆的重要通道，是中国沿边开放的重要窗口。黑龙江省不仅自然资源丰富，而且具有光荣的革命传统和灿烂的红色文化，这里是十月革命后马克思列宁主义在中国广泛传播的重要通道，是中国共产党领导的东北抗日联军的创建地和主要战场。中国共产党领导的第一个完整的省级人民民主政权在这里建立，人民空军、人民炮兵建设的征途从这里启航。

原中共中央党史研究室组织编写的《全国革命遗址普查成果丛书》中的东北三省各部分的统计数字表明，截至2011年，黑龙江省遗址总数为1261处，其中革命遗址924处，其他遗址337处；辽宁省遗址总数为977处，其中革命遗址782处，其他遗址195处；吉林省遗址总数为604处，其中革命遗址575处，其他遗址29处。根据地方文物保护部门的介绍，各地还有很多因历史背景不清楚，而没有列入统计名录中的革命遗址和其他遗址。

1903年通车、贯穿黑龙江省的中东铁路，在俄国十月革命后是马克思列宁主义传播到中国、沟通共产国际和中国共产党的重要通道。早在俄国十月革命前，中东铁路沿线就有大批俄国工人和布尔什维克活动。1917年十月革命后，在黑龙江的俄国布尔什维克便向中国工人、学生及其他各界群众介绍俄国革命斗争的情况，并积极宣传马克思主义。另外，从西伯利亚回国的4万多的中国工人，带回了《华工醒时报》等进步刊物及大量宣传革命的书刊，使十月革命取得胜利的消息和马克思主义在黑龙江迅速地传播开来。

1919年五四运动爆发后，俄国红色报刊大量传入哈尔滨并广为流传，马克思列宁主义在哈尔滨逐渐扎下根来。1920年10月，瞿秋白、俞振华等赴苏维埃考察，曾在哈尔滨短暂停留。瞿秋白在《饿乡纪程》一书中，多次提到在哈尔滨是闻着“共产党的空气”生活的。1921年中国共产党诞生之后，即派罗章龙到哈尔滨考察工人运动，筹建地方党组织。

1932—1936年，哈尔滨市既是中共满洲省委机关所在地，也是中国东北地区抗日斗争的指挥中心。国内一些具有初步共产主义思想的知识分子，为了学习俄国革命经验，从各地来到哈尔滨，经由中东铁路奔赴苏联，逐渐形成了一条从这里通往苏联和共产国际的红色通道。这条红色通道不仅拓宽了马克思列宁主义的传播渠道，而且推动了中国共产党在黑龙江的建立和发展。

1921年7月，中国共产党成立不久，天津五四运动领袖之一、黑龙江省现属牡丹江宁安籍中共党员马骏由天津来哈尔滨、宁安等地宣传马克思列宁主义和反帝反封建的革命道理，传播革命斗争经验。

1923年10月，中共哈尔滨组（亦称“中共哈尔滨独立组”）成立，这是黑龙江省乃至于整个东北地区的第一个党组织，标志着黑龙江人民的革命斗争进入一个崭新阶段。

1931年九一八事变爆发，中国局部抗日战争开始。中共满洲省委机关由沈阳移驻哈尔滨，省委的中心任务也由土地革命转向抗日战争。为适应抗日战争形势发展的需要，中共满洲省委于1936年1月撤销，在今黑龙江省境内陆续成立了中共哈尔滨特别委员会、中共北满省委和中共吉东省委。黑龙江各级党组织继续在艰苦的环境下领导抗联队伍和抗日群众进行顽强的抗日游击斗争。

抗日战争时期，东北抗日联军11个军中有9个半在黑龙江活动。在与日本侵略者的斗争中，黑龙江各族人民浴血奋战、英勇斗争，涌现出以赵尚志、李兆麟、赵一曼等为杰出代表的英雄人物和党的优秀儿女，反映了伟大的东北抗联精神。

中华人民共和国成立后，在社会主义建设事业中，黑龙江人民在党的领导下，把昔日的北大荒建设成了富饶美丽的“北大仓”，使黑龙江省成为国家重要的商品粮基地、能源原材料基地、装备工业基地和石油化工基地。涌现出王进喜、马恒昌、苏广铭等一大批社会主义建设先进人物，形成了铁人精神、大庆精神、北大荒精神等中国共产党革命精神。

近年来，黑龙江省依托丰富的红色文化资源，深入开展爱国主义教育和革命传统教育，大力开展红色文化资源的研究、开发与利用。坐落在黑龙江的牡丹江师范学院、东北石油大学、八一农垦大学、大庆师范学院分别设有东北抗联精神、大庆精神、北大荒精神、铁人精神四大精神研究基地；同时黑龙江省高校工委也批准了在牡丹江师范学院、大庆师范学院、八一农垦大学建立黑龙江省思政课教师实践研修基地等平台，积极推进红色文化资源的研究、开发与利用。

为了使人们深入了解红色文化资源所蕴含和承载的红色历史故事，充分发挥红色文化资源的教育作用，原中共黑龙江省委党史研究室组织编写了《黑龙江省红色地图与红色景点解读》，黑龙江省内各地也编写了关于研究红色文化成果的报告集。2019年6月28日，黑龙江省第十三届人民代表大会常务委员会第十二次会议批准了《七台河市东北抗联文化遗存保护利用条例》的实施；2020年12月24日，黑龙江省第十三届人民代表大会常务委员会第十二次会议批准了牡丹江市的《牡丹江红色文化遗存保护利用条例》。为践行习近平总书记提出的“把红色资源利用好、把红色传统发扬好、把红色基因传承好”的要求，2018年4月，牡丹江市提出了建设“牡丹江红色文化之城”的方案。2019年6月，牡丹江市有关部门联合主办“牡丹江红色文化百题竞答”，引起热烈反响。

黑龙江丰富的红色文化资源所蕴含的红色历史文化，将为全省把红色资源利用好、把红色传统发扬好、把红色基因传承好、弘扬中国共产党革命精神、践行社会主义核心价值体系建设，凝心聚力，为东北振兴做出应有的贡献。

本书是2017年黑龙江省哲学社会科学研究规划项目“东北抗联日文档案文献资料整理、翻译与研究”（17DJB003）与2019年度黑龙江省高等教育教学改革重点委托项目“东北抗联精神实践教学基地建设模式的研究与实践”（SJGZ20190063）的研究成果。本书也是2021年国家社科基金重点项目“中国共产党革命精神谱系研究”（项目编号：21ADJ011）的阶段性成果。

因近年来黑龙江省部分县（市、区）行政区划发生变化，及黑龙江省农垦政府行政职能移交地方、黑龙江重点国有林区森林资源管理行政职能移交地方等改革，本书部分革命旧址位置信息有待更新，本书所取资料一般截至2018年底。

由于编者水平有限，错误之处在所难免，敬请读者指正。

2021年11月

目 录

CONTENTS

八 女

江
邓颖超

哈尔滨市

周恩来早年来哈尔滨居住地旧址

周恩来早年来哈尔滨居住地旧址位于哈尔滨市道外区靖宇大街23号。原为东华学校创办人、校长，哈尔滨早期著名教育家、社会活动家邓洁民先生住宅，现在为普通民宅。1917年、1920年周恩来两次来哈尔滨都住在这里。邓洁民在周恩来的影响下，成为共产党人的朋友，东华学校也成为传播马克思主义的地方及之后赴苏俄的共产党人和进步青年的落脚处。目前该处是市级文物保护单位。

哈尔滨工业大学学生早期革命活动旧址

哈尔滨工业大学学生早期革命活动旧址位于哈尔滨市南岗区公司街59号，现为哈尔滨工业大学博物馆。1920年，哈尔滨中俄工业学校建立。1922年4月2日，改名为哈尔滨中俄工业大学校。1928年1月，哈尔滨中俄工业大学的铁路建筑系改为建筑工程系，20世纪50年代初期改为土木建筑系，它是哈尔滨建筑工程学院的前身。1928年2月4日，改名为东省特别区工业大学校；10月20日更名为哈尔滨工业大学校。1936年，改名为哈尔滨高等工业学校。1938年改为哈尔滨工业大学（简称“哈工大”）。

从1925年9月至1949年9月，哈工大共发展中共党员53名。哈工大党组织成立了读书会、学生抗日救国会等组织，开展军事训练，后来很多学生投奔了抗日队伍。

赵尚志就读的许公中学旧址

赵尚志就读的许公中学旧址位于哈尔滨市南岗区邮政街341号，现为哈尔滨铁路局物资管理处。许公中学始建于1924年12月，是为纪念中东铁路第一任督办许景澄而建，全称为“许公纪念实业学校”。1925年2月，赵尚志考入许公学校补习班，后升入中学一班，成为该校第一期学生。在校期间，他受到革命思想的影响，带领许公中学学生开展反帝爱国行动。许公中学旧址于1995年被哈尔滨市人民政府公布为哈尔滨市文物保护单位。

中国邮政储蓄银行

中共北满特委哈尔滨新报报社旧址

中共北满特委哈尔滨新报报社旧址位于哈尔滨市道外区靖宇大街170号。《哈尔滨新报》创刊于1931年8月15日，该报是九一八事变前夕，由中共北满特委领导，以民办报纸面貌出现的一家公开发行的大型反日报纸。1932年2月5日，哈尔滨市被日本关东军占领，《哈尔滨新报》被迫停刊，报社人员根据中共北满特委的指示立即疏散。中共北满特委哈尔滨新报报社旧址于2003年被哈尔滨市委、市人民政府公布为哈尔滨市爱国主义教育基地。

天马广告社遗址

天马广告社遗址位于哈尔滨市道里区西十五道街33号。1931年九一八事变后，在党的领导下，哈尔滨的左翼作家以笔作刀枪，利用多种形式投入抗击日本侵略者的斗争。1933年春，中共地下党员金剑啸创办了天马广告社，作为党组织左翼文化人活动的联络点。当时，哈埠一些电影院、俱乐部、商店及外国洋行，几乎都和它有来往，就连中央大街马路两边长椅的椅背上都挂满了金剑啸的绘画。1935年5月末，天马广告社被关闭。该遗址现修建有哈尔滨党史纪念馆。

中共满洲省委机关遗址

中共满洲省委机关遗址位于哈尔滨市南岗区光芒街40号（原小戎街2号）。该遗址曾是中国共产党在东北地区的最高领导机关——中共满洲省委机关遗址之一，也是中共满洲省委机关在哈尔滨保存下来的唯一遗址。1931年九一八事变后，由于沈阳形势紧张，敌人统治严酷，开展活动困难，满洲省委报请中央批准，于1932年1月将省委机关迁到哈尔滨。哈尔滨成为中国共产党领导东北人民进行抗日斗争的中心和总指挥部。该遗址现为省级文物保护单位、省级爱国主义教育基地。

国际交通局外国人会见处遗址

国际交通局外国人会见处遗址位于哈尔滨市道里区通江街100号。1934年，上海党的组织遭到敌人破坏，满洲省委和哈尔滨特委与党中央失去联系。根据东北地区形势，原上海经哈尔滨去苏联的交通线由中共中央驻共产国际代表领导，联络工作由共产国际领导的交通局负责，设立哈尔滨国际交通局，张宗伟被安排到哈尔滨国际交通局外国人会见处工作。1936年4月，张宗伟在道里区炮队街（今通江街）100号的一栋俄式平房，以开食杂店为掩护，设立外国人会见处。1937年4月20日，张宗伟被捕，面对严刑拷打，他坚贞不屈，于7月26日被杀害。该遗址因城市改造已拆除。

中共中央东北局招待处旧址——马迭尔旅馆

中共中央东北局招待处旧址（今马迭尔宾馆），位于哈尔滨市道里区中央大街89号。马迭尔旅馆始建于1906年。1946年，马迭尔旅馆曾被东北局作为招待处使用，是当时东北解放区的政治会议中心。1948年10月至11月期间，民主人士沈钧儒、章伯钧、谭平山、蔡廷锴、王绍鏊、朱学范等陆续抵达哈尔滨，下榻于马迭尔旅馆。受中共中央委托，时任东北局领导的李富春，邀请沈钧儒、谭平山、章伯钧等，在马达尔旅馆二楼一号会议室举行了三轮会谈，就《关于召开新的政治协商会议诸问题》的协议。现为黑龙江省文物保护单位、省级爱国主义教育基地。

马迭尔宾馆

中国人民解放军第四野战军（原东北民主联军）前线指挥部旧址

中国人民解放军第四野战军前线指挥部旧址位于哈尔滨市双城市昌盛社区优干胡同6号。该旧址始建于1917年，为私人住宅，建筑面积650平方米，占地面积5760平方米。

从1946年10月到1948年10月，东北民主联军即东北人民解放军前线指挥部在双城两年期间，先后指挥大小战斗、战役22次，其中比较大的战役有新开岭、三下江南、四保临江战役以及夏季、秋季、冬季三大攻势，以及历时52天、歼敌47万余人的辽沈战役。1998年，中国人民解放军第四野战军前线指挥部旧址纪念馆在此成立。

李兆麟将军墓

李兆麟将军墓位于哈尔滨市道里公园。李兆麟，东北抗日联军重要领导人，曾任北满抗日联军总政治部主任、东北抗日联路军总指挥和东北抗日联军教导旅政治副旅长等职。抗战胜利后，1946年3月9日，遭国民党军统特务杀害。3月24日，哈尔滨市数十万人在道里公园举行隆重公祭和安葬仪式，并将公园改名为兆麟公园。1946年8月15日，哈尔滨市人民群众为李兆麟建立了一座高大的纪念墓碑。目前这里是黑龙江省文物保护单位、黑龙江省爱国主义教育基地。

东北烈士纪念馆

东北烈士纪念馆位于哈尔滨市南岗区一曼街241号。该建筑原为1928年兴建的东省特别区图书馆。哈尔滨沦陷后，先后被伪哈尔滨市政筹备所和伪满哈尔滨警察厅霸占，抗日民族英雄赵一曼曾在这里遭受酷刑。1948年10月10日，为缅怀和纪念在东北抗日战争和解放战争初期牺牲的革命先烈，东北

烈士纪念馆正式开馆。这是（新中国成立前）中国共产党在大城市建立的第一座革命纪念馆。全馆面积为4280平方米，有杨靖宇穿过的大衫和用过的褥子，赵尚志用过的手枪，李兆麟被暗杀时穿的旧呢料裤子，赵一曼用过的大碗及写给儿子的信等馆藏珍贵文物7000余件。其中国家一级文物82件，馆藏历史文献、资料、照片30000余件。

哈爾濱烈士

哈尔滨烈士陵园

哈尔滨烈士陵园位于哈尔滨市香坊区体育街1号。该陵园占地面积约42000平方米，始建于1948年10月1日，1952年8月更名为哈尔滨烈士陵园。截至2012年10月，园内共存放和安葬着在土地革命战争、抗日战争、解放战争、抗美援朝、社会主义建设及改革开放等不同时期牺牲的烈士241位。其中，有在解放战争时期牺牲的最高将领、东北军区炮兵司令员兼炮兵学校校长朱瑞，松江军区司令员卢冬生，东北抗日联军第一路军第三方面军指挥陈翰章，东北抗日联军第十军军长汪亚臣，被中央军委命名为“献身国防现代化的模范干部”苏宁，被国家公安部命名为“一级英模”的宋兆东等。

哈尔滨烈士陵园现为全国重点烈士纪念建筑物保护单位、全国爱国主义教育示范基地。

东北抗日暨爱国自卫战争烈士纪念塔

哈尔滨东北抗日暨爱国自卫战争烈士纪念塔

为纪念在东北抗日战争和解放战争中牺牲的爱国志士，1947年初，东北行政委员会决定筹建东北抗日暨爱国自卫战争烈士纪念塔。该塔于1948年10月10日竣工，是哈尔滨解放后修建的第一座大型纪念塔。纪念塔塔基为十字形，高1.5米，占地面积450平方米。塔身高31.1米，由花岗石筑成。正面刻“东北抗日暨爱国自卫战争烈士纪念塔”镏金大字。塔身底部东西两侧有淡绿色浮雕，东侧为7名民主联军战士持枪冲锋浮雕像；西侧为7名支前民兵浮雕像。塔顶为木质“八一”红星。

杨靖宇将军
1905—1940

靖宇公园

靖宇公园位于哈尔滨市道外区靖宇二十道街。靖宇公园始建于1917年，曾用名“滨江公园”“道外公园”，是哈尔滨市最早建成的公园之一。1985年，为纪念抗日民族英雄杨靖宇将军，改名为靖宇公园。杨靖宇于九一八事变后来哈尔滨工作，曾任中共道外区委书记、中共哈尔滨市委书记。靖宇公园现占地面积4000余平方米。2004年7月19日，靖宇公园标志性雕塑——杨靖宇将军雕像落成。雕像高5.2米，雕像下方文字记载杨靖宇烈士生平。

赵一曼烈士纪念塑像

赵一曼（1905年10月—1936年8月），原名李坤泰，又名李一超，四川省宜宾县白花镇人，中国共产党党员，抗日民族英雄。赵一曼1935年担任东北人民革命军第三军第二团政委，1935年11月在与日本侵略者的作战中被捕，于1936年8月就义。

1986年8月2日，为纪念赵一曼烈士英勇就义50周年，赵一曼烈士纪念塑像在哈尔滨南岗区一曼街西段揭幕。塑像由花岗岩基座、纪念碑和铜像三部分组成。塑像面东，表铜材质，由著名雕塑家杨士昌塑造。向东约535米是赵一曼养伤室遗址，赵一曼受伤后在这里囚禁疗伤。

趙一曼

抗日民族英雄
赵尚志

尚志公园

尚志公园位于哈尔滨市香坊区公滨路48号。1997年，香坊区在香坊公园内塑造了一座高2米的赵尚志玻璃钢全身塑像。2000年，为纪念抗日战争胜利暨世界反法西斯战争胜利55周年，香坊公园正式更名为尚志公园，并在公园原塑像处重新塑造一座高约4米的赵尚志将军铜铸全身像。铜像基座高2.3米，基座上书“抗日民族英雄赵尚志”的镏金大字，碑文和题词均请原抗联老战士题写。从尚志市境内采取的一块大型花岗岩，是尚志公园的标志石。

尚志市烈士陵园

尚志市烈士陵园位于哈尔滨市尚志市尚志镇北环街176号。该陵园是为纪念东北抗日联军优秀将领赵尚志和赵一曼而建立的。陵园内建有赵尚志、赵一曼烈士纪念馆，珠河抗日游击队纪念碑及革命烈士纪念碑12座。尚志烈士陵园于1988年被黑龙江省政府公布为黑龙江省烈士纪念建筑物保护单位；1997年被黑龙江省委、省政府公布为省级爱国主义教育基地；2005年被黑龙江省政府公布为省级文物保护单位；2009年3月被民政部公布为国家重点烈士纪念建筑物保护单位。

赵一曼
纪念园
抗日民
赵一
1905-

尚志市赵一曼纪念园

尚志市赵一曼纪念园位于哈尔滨市尚志市长寿乡一曼村北，当地俗称小北沟。赵一曼，原名李坤泰，又名李一超，1905年出生于四川省宜宾县，1926年加入中国共产党，九一八事变后，被派到东北地区从事抗日斗争。1935年11月，在战斗中受伤被俘，在狱中坚贞不屈，1936年8月壮烈牺牲。1948年，珠河县民主政府将珠河县铁北区的候林乡更名为一曼村。1984年，县民政局在赵一曼被捕地恢复了原状，并设石碑一座。2007年黑龙江省发改委立项，建设赵一曼纪念园，2008年9月竣工。目前这里是黑龙江省爱国主义教育基地。

巴彦抗日游击队成立地遗址

巴彦抗日游击队成立地遗址位于哈尔滨市巴彦县镇东乡张家油坊屯。巴彦抗日游击队是九一八事变后，由中国共产党领导创建的两支最早的抗日武装之一。张甲洲，又名张进思，1907年出生于黑龙江巴彦张家油坊屯，1929年在北京大学读书时加入中国共产党。九一八事变后，他回到巴彦组织抗日游击队，以张家油坊屯为根据地，组织起200多人，1932年5月巴彦抗日游击队成立，张甲洲任总指挥。之后，赵尚志来队，任东北工农义勇军江北骑兵独立师参谋长（政治部主任），队伍很快发展到700多人，为中国共产党创建抗日武装和开展游击战争提供了宝贵经验。

巴彦烈士陵园

巴彦烈士陵园位于哈尔滨市巴彦县西郊公园西侧。1946年1月，巴彦县在巴彦公园东南建立烈士公墓，安葬攻打木兰县石头河子镇牺牲的无名英雄。1963年，公墓迁到县城西的建国纪念林内。1989年10月，巴彦县将烈士墓迁至西郊公园西侧，辟建烈士陵园。1997年春，巴彦县委、县政府作出了把烈士陵园建成爱国主义教育基地的决定，对烈士陵园进行了扩建。烈士陵园大体分为三部分：东侧为烈士纪念碑区，立有巴彦抗日游击队总指挥张甲洲烈士的纪念碑和雕像；西侧为烈士墓地；中部是烈士纪念馆。

烈士陵園

六軍醫院

依兰四块石抗联遗址

四块石抗联遗址位于哈尔滨市依兰县北境丹清河林场四块石。四块石为依兰县内最高峰，海拔980米。东北抗日联军第三、第四、第五、第六、第八、第九、第十一军都在此活动过。1936年，抗联第三、第六军在这里建立了后方基地，是中共北满临时省委机关驻地。由于四块石地势险要，易守难攻，省委曾多次在此召开重要会议。

这里有阻击石、抗联第六军医院、抗联第一哨位、抗联第二哨位、山羊道、军马场、抗联井、中共北满省委临时会议室和烈士墓地等遗址。

中共依兰县委办公处遗址

中共依兰县委办公处遗址位于哈尔滨市依兰县中央大街105号、运输管理站路南侧（今汇丰饭店）。1945年日本投降后，中共依兰县委由地下活动转为公开。9月上旬，彭施鲁受中共东北委员会派遣率工作组从苏联回到佳木斯。他到佳木斯后立即决定派人到依兰建立工作点，开展党的工作，成立了依兰临时县委。这期间，县委办公处从四合发饭店迁到了现汇丰饭店处。县委在此领导了土改和剿匪斗争，巩固了红色政权，有力地支援了解放战争。

中共北满分局旧址

中共北满分局旧址位于哈尔滨市宾县宾州镇奋斗街县教育局院内。原为天主教堂神职人员的宿舍，是一座中国传统的“四阿式”青砖灰瓦建筑。1945年11月24日，中共北满分局进驻宾县县城，领导北满地区的革命斗争，分局机关就设在这里。1946年6月，中共北满分局并入东北局，中共北满分局机关、松江省党政机关随后迁回哈尔滨。目前这里是省级文物保护单位、省级爱国主义教育基地。

以哲公园

以哲公园位于哈尔滨市宾县宾州镇西城街县广播电视局路南。以哲公园前身的宾县革命烈士陵园建于1952年，当时安葬烈士39名，有烈士墓39座。现烈士墓增至45座，分别为抗日战争、解放战争、抗美援朝战争、社会主义革命和建设时期牺牲的革命烈士。2001年9月，陵园扩建，占地面积增加到5万平方米。后在陵园内建成王以哲将军纪念馆，陵园也改名为以哲公园。

宾县烈士陵园暨以哲公园于2001年3月5日被黑龙江省人民政府公布为黑龙江省重点烈士纪念建筑物保护单位。

暴風驟雨紀念

暴风骤雨纪念馆

暴风骤雨纪念馆位于哈尔滨市尚志市以东30千米处的元宝镇元宝村。元宝村是著名作家周立波创作小说《暴风骤雨》的原型地。小说用当地农民的方言土语，深刻地反映了中国人民解放战争时期土改斗争宏伟的场面。该小说荣获斯大林文学奖，在国内外享有较高声誉，元宝村也因此被称为“中国土改文化第一村”。2003年，元宝村为纪念土地改革，继承革命传统，发展旅游产业而兴建了该馆。目前这里是哈尔滨市青少年爱国主义教育基地。

革命烈士纪念碑

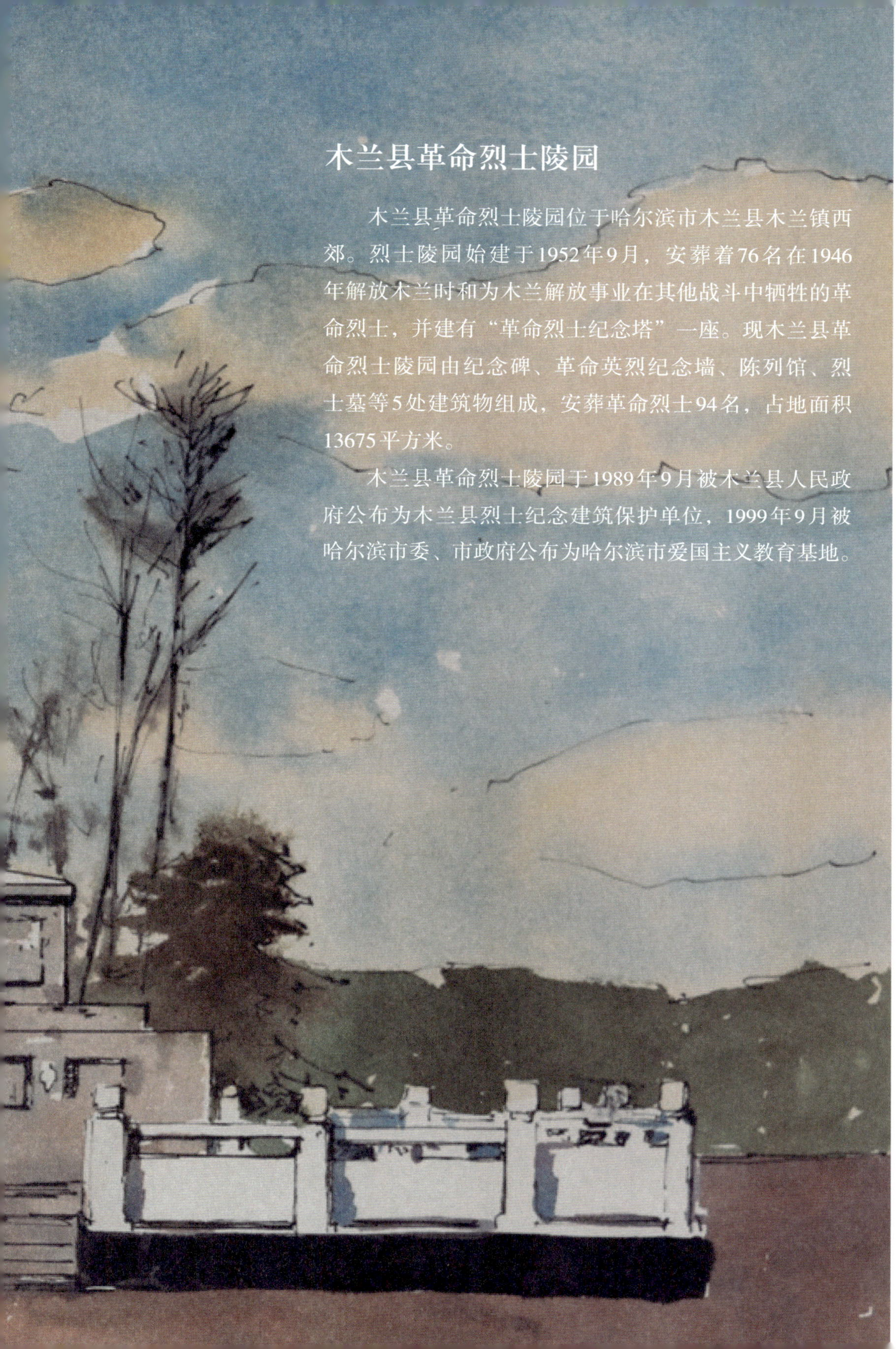

木兰县革命烈士陵园

木兰县革命烈士陵园位于哈尔滨市木兰县木兰镇西郊。烈士陵园始建于1952年9月，安葬着76名在1946年解放木兰时和为木兰解放事业在其他战斗中牺牲的革命烈士，并建有“革命烈士纪念塔”一座。现木兰县革命烈士陵园由纪念碑、革命英烈纪念墙、陈列馆、烈士墓等5处建筑物组成，安葬革命烈士94名，占地面积13675平方米。

木兰县革命烈士陵园于1989年9月被木兰县人民政府公布为木兰县烈士纪念建筑保护单位，1999年9月被哈尔滨市委、市政府公布为哈尔滨市爱国主义教育基地。

通河县革命烈士陵园

通河县革命烈士陵园位于哈尔滨市通河县通河镇南江畔。1963年6月，朝鲜国家领导人崔庸健应邀访问中国时，提出为36位流亡到通河、在抗日斗争中牺牲的朝鲜同胞立碑的请求，获得中共中央批准。通河县革命烈士陵园于1985年建成，1987年定为县级文物保护单位。陵园主体工程后面，立有抗战时期牺牲在通河的革命烈士魏长魁、李福林、李秋岳纪念碑三处。目前这里是通河县爱国主义教育基地。

牡丹江市

中共吉东局第二次工作会议旧址

中共吉东局第二次工作会议旧址位于牡丹江市阳明区磨刀石镇大观岭车站（俗称山顶站）东200米处一俄式建筑内。1933年5月，中共满洲省委吉东局成立，书记孙广英，组织部部长潘庆由，职工部部长吴福海。10月下旬，中共吉东局在此房内召开了第二次工作会议。中共吉东局领导孙广英、吴福海、孟泾清、朱守一、马英、苏长德和满洲省委巡视员杨波出席会议，各中心县委书记、县委副书记和穆棱县委所属的各区委书记参加了会议。会上传达了中共满洲省委关于纠正错误路线的指示，孙广英作了《关于吉东形势和吉东工作任务》的报告，杨波作了会议总结。会议号召党员干部要深入基层、深入群众，进一步推动群众反日运动的深入开展。此建筑现保存完好。

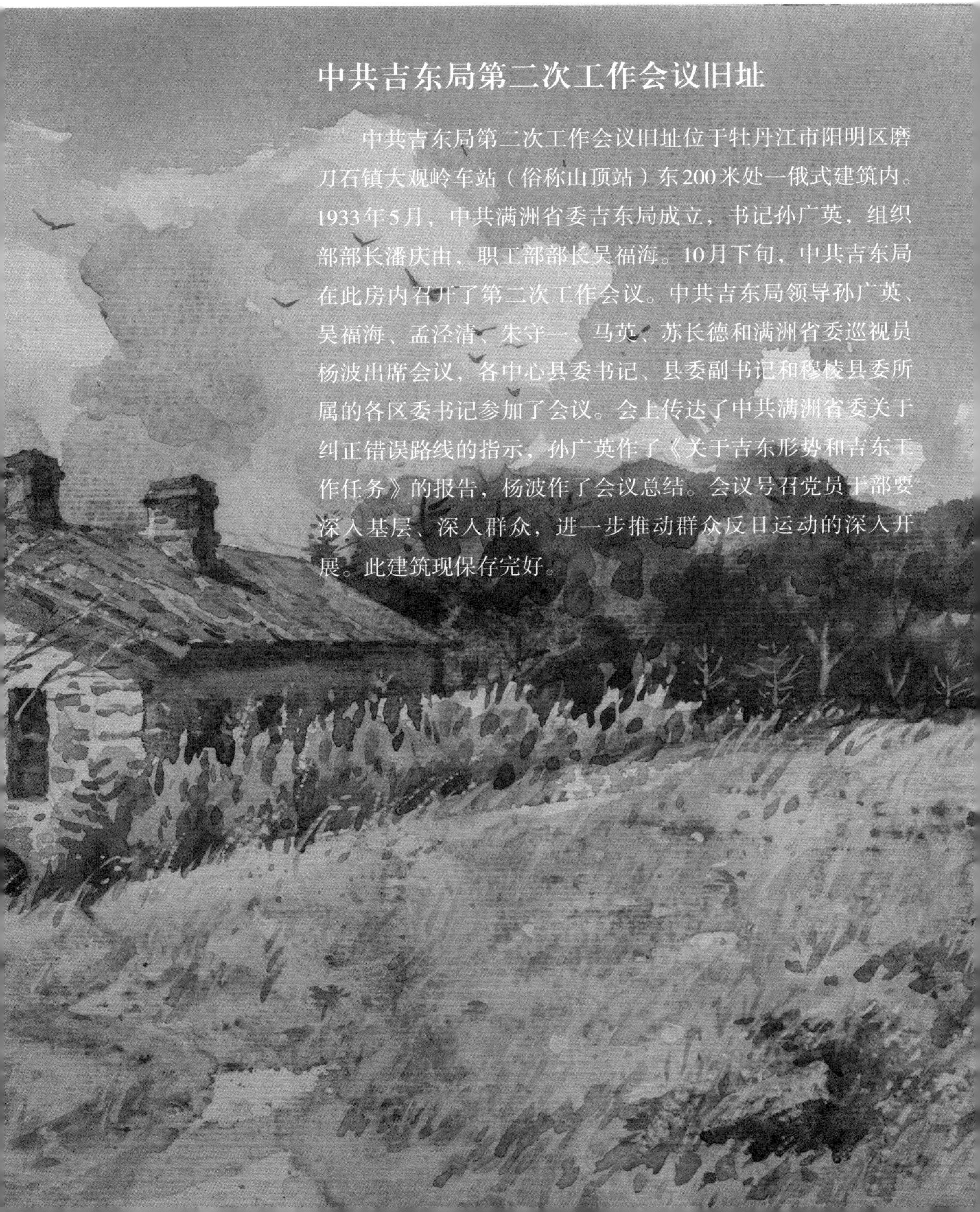

牡丹江抗战胜利纪念碑

牡丹江抗战胜利纪念碑位于牡丹江市人民公园正门50米处。1946年8月15日，为庆祝中国抗日战争的胜利，牡丹江各界人士筹资建造了这座纪念碑。纪念碑正面有东北抗日联军将领、松江省主席冯仲云题写的“抗战胜利纪念碑”7个大字。牡丹江抗战胜利纪念碑于1989年被牡丹江市民政局公布为牡丹江市重点烈士纪念建筑物保护单位。

蔡云翔烈士纪念碑

蔡云翔烈士纪念碑位于牡丹江市爱民区儿童公园内。蔡云翔，1912年出生，1935年考入国民党笕桥中央航校第10期，1945年驾机起义，飞往延安。抗战胜利后，从延安出发赴东北参与组建人民解放军第一所航空学校。1946年3月，“东北民主联军航空学校”在通化成立，蔡云翔出任教育长。1946年5月，航空学校迁往牡丹江。1946年6月，蔡云翔在牡丹江海浪机场执行战斗任务中，因飞机失事不幸牺牲，牡丹江市人民将其安葬在北山烈士陵园。1985年，在蔡云翔驾机起义40周年之际，牡丹江市在市儿童公园重新修建了蔡云翔烈士纪念碑。

1989年，蔡云翔烈士纪念碑被牡丹江市民政局公布为市级重点烈士建筑物保护单位。

“八女投江”群雕

“八女投江”雕塑，位于牡丹江市区中心太平路南端江滨公园，牡丹江畔。

1938年10月下旬的一天，东北抗日联军第5军第1师妇女团指导员冷云果断地组织8名女战士掩护大部队突围，由于敌我力量悬殊，女战士最后毅然投入冰冷刺骨的乌斯浑河，为国捐躯。她们中最大的23岁，最小的只有13岁。为纪念8位抗日巾帼英雄，中共黑龙江省委、省政府于1984年筹建大型“八女投江”雕塑，1988年8月1日落成。雕塑坐南朝北，占地面积8000平方米，高8.8米，长18米，宽69米，由花岗岩雕塑而成。1989年，“八女投江”雕塑所在的“八女投江”革命烈士陵园被民政部公布为全国重点烈士纪念建筑物保护单位。

江
邓颖超

牡丹江革命烈士陵园

陵园位于牡丹江市阳明区铁岭河南山上。牡丹江市革命烈士陵园始建于1989年5月5日，占地面积42万平方米，共安葬解放战争、抗美援朝和社会主义建设时期牺牲的革命烈士117名。陵园内建有烈士纪念馆、新建15米高革命烈士纪念碑、“八女投江”雕塑和“林海英烈”雕塑。纪念馆中陈列着闻名中外的“八女投江”抗联英雄珍贵遗物，并展出抗日战争、抗美援朝、珍宝岛反击战及和平建设时期为国捐躯的先烈事迹。

2003年，牡丹江市革命烈士陵园被牡丹江市民政局公布为牡丹江市重点文物保护单位；被牡丹江市委、市政府公布为牡丹江市爱国主义教育基地。

“八女投江”殉难地

“八女投江”殉难地，位于牡丹江市林口县刁翎镇三家子村西北的柞木岗山东侧。

1980年，经调查确认，林口县刁翎镇三家子村乌斯浑河畔为闻名于世的东北抗联“八女投江”殉难地遗址。1982年，当地修建了“八女投江”纪念碑。1995年，林口县人民又重新修建了纪念碑和纪念馆。“八女投江”纪念碑高10米，正面刻有“八女英魂光照千秋”，碑前方是5000余平方米的纪念广场，左侧是150多平方米的遗址陈列室。

1990年12月，“八女投江”殉难地被黑龙江省政府公布为省级文物保护单位。

高岭子截击战遗址

高岭子截击战遗址位于海林市高岭子西坡拐弯处。1932年3月，关家小铺伏击战斗结束后，剩余的日军逃到海林站，准备向哈尔滨方向撤退。根据上级指示，共产党员李延青率领铁路工人游击队，在高岭子设伏阻击日军残部。3月26日凌晨得知日军列车开出山市站之后，游击队员拔掉了铁轨上的道钉。日军列车在出高岭子车站下坡时出轨翻车，埋伏在铁路两旁的工人游击队员向日军猛烈开火，给日军以沉重打击。

侵华日军在海林投降地遗址

侵华日军在海林投降地遗址位于海林市横道河子镇圣母进堂教堂。1945年8月8日，苏联政府对日宣战，苏军三个方面军从西、北、东三个方向同时对日本关东军发起进攻。其中，远东第一方面军红旗第1集团军主要攻击方向是牡丹江、哈尔滨。8月17日，集团军从牡丹江沿中东铁路向西推进，并于当日解放海林和横道河子。8月19日至22日，苏军第26军军长斯克沃尔佐夫在横道河子圣母进堂教堂接受日军第5军投降。

牡丹江抗日战争暨爱国自卫战争殉难烈士纪念碑

牡丹江抗日战争暨爱国自卫战争殉难烈士纪念碑，位于牡丹江市爱民区北山公园内。抗日战争时期，牡丹江地区是吉东抗日游击根据区所在地。1947年9月18日，为纪念在抗日战争及自卫战争中英勇献身的烈士，牡丹江党政军民在北山脚下建立了这座纪念碑。纪念碑坐北朝南，由碑基、碑座、碑身三部分组成，碑高24.3米，碑宽3.85米，碑基、碑座均由花岗岩石块砌成，碑身用钢筋水泥铸成。碑顶立一尊左手持枪、右手投弹的战士铜像。

杨子荣烈士陵园

杨子荣烈士陵园位于牡丹江市海林市东山之巅。杨子荣，原名杨宗贵，山东牟平人。1945年参加八路军解放牟平城战斗，11月加入中国共产党。12月随部队奔赴东北，转战牡丹江，多次立功受奖，被评为“战斗英雄”“战斗模范”。1947年在追歼顽匪战斗中，不幸中弹牺牲。1970年7月，为纪念杨子荣烈士，海林市修建了杨子荣烈士陵园纪念馆。在陵园的革命烈士纪念碑后镌刻着杨子荣、马路天、高波等160余位烈士的英名。杨子荣烈士纪念馆于2001年5月被民政部公布为全国重点烈士纪念建筑保护单位，杨子荣烈士陵园于2009年5月被中共中央宣传部公布为全国爱国主义教育基地。

革命烈士楊子榮之墓

海林威虎山剿匪纪念地

海林威虎山剿匪纪念地位于牡丹江市海林市林业局夹皮沟林场内。解放战争时期，为消灭土匪，建立巩固的东北根据地，保卫土改工作成果，东北民主联军牡丹江军区第二团进驻海林剿匪。威虎山剿匪纪念地是匪首国民党东北第二纵队第二支队司令张乐山（座山雕）藏身之处。1947年1月，侦察英雄杨子荣带领五名侦察员赴夹皮沟一带侦察敌情，深入匪巢一举将“座山雕”以下25名匪徒活捉。1989年，海林威虎山剿匪纪念地被海林市人民政府公布为海林市重点文物保护单位。1997年6月，海林市人民政府立碑。

马骏纪念馆

马骏纪念馆位于牡丹江市宁安市马骏街。马骏，1895年出生在黑龙江省宁安市的一个回族家庭。他于1921年加入中国共产党，是五四运动杰出的青年领袖之一，中国共产党早期革命活动家，周恩来、邓颖超的亲密战友，也是东北地区党组织的创始人之一。1993年宁安市修建马骏纪念馆，1995年8月落成开馆，邓颖超为纪念馆题写了馆名。1997年，马骏纪念馆被黑龙江省委、省政府公布为省级爱国主义教育基地；2001年，被中共中央宣传部公布为全国爱国主义教育示范基地。

张闻天工作室

张闻天工作室位于牡丹江市宁安市城区风景秀丽的江滨公园，是张闻天在宁安工作期间的居所和办公场所。1945年12月9日，张闻天化名张平之，以中共中央东北局代表的身份来到宁安。1946年4月30日，张闻天离开宁安去佳木斯。在短短四五个月时间里，他遵循党中央和东北局的批示精神，以宁安为据点，开辟工作，摸索经验，使宁安根据地建设工作取得了很大成绩。2005年，宁安市委、市人民政府将张闻天工作室辟建成陈列张闻天革命事迹的教育基地；张闻天工作室于2010年12月被黑龙江省委、省人民政府公布为黑龙江省爱国主义教育基地。

抗联园内的“莲花泡战役”纪念碑

“莲花泡战役”纪念碑位于著名的牡丹江市镜泊湖旅游区内。“莲花泡战役”又名“镜泊湖战役”。1936年2月28日，在牡丹江镜泊湖附近莲花泡边的石头甸子，东北抗联第五军第一师师长李荆璞、二团团长王毓峰带领120多人与日军作战，日军竟然放出瓦斯毒气，致使第二团第四连马伦连长及该连战士全部牺牲。由于日军肆意毁坏我牺牲战士遗体，在我地方救国会备棺收尸时，只埋葬了42位烈士，史称“莲花泡战役”四十二烈士。2005年，在东北抗联老战士李敏的倡议下，为纪念牺牲的抗日英雄而修建此碑。

英雄血
名垂青

翰章园

翰章园位于牡丹江市宁安市镜泊乡镜泊湖南湖头旅游风景区，建于1993年。1940年12月8日，被誉为“镜泊英雄”的抗联名将陈翰章，在宁安县南湖头遭日、伪军警围攻，壮烈牺牲。

翰章园区依山傍水，风光优美，俯观镜泊湖。园内立有陈翰章烈士雕像一座。2008年又修建了陈翰章烈士纪念碑。园内建有一座“翰章亭”，亭内壁画为陈翰章在镜泊湖地区指挥作战的场景。翰章园现已成为牡丹江市爱国主义教育基地。

穆棱市革命烈士纪念碑

穆棱市革命烈士纪念碑位于牡丹江市穆棱市八面通镇东山金城公园内。建于1988年7月，碑高30米，建筑面积254平方米，花岗岩结构。穆棱市具有悠久的革命斗争史。20世纪30年代以来，在中国共产党的领导下，无数中华英雄儿女为革命和建设事业前仆后继、浴血奋战、英勇捐躯。1988年，穆棱市革命烈士纪念碑被中共穆棱市委、市政府命名为爱国主义教育的重要阵地。

革命烈士纪念碑

绥芬河铁路大白楼中共六大代表秘密过境居住地旧址

绥芬河铁路大白楼中共六大代表秘密过境居住地旧址位于绥芬河市花园路黎树街2号。约建于1903年，是俄国著名设计师设计的一座典型俄式风格建筑，原为绥芬河铁路交涉分局总理委员官邸，俗称“大白楼”，承载着重要的革命历史。1928年，中共六大在莫斯科召开，六大代表主要是在哈尔滨国际交通站统一安排下，经绥芬河、满洲里国际交通站赴苏联开会和回国工作的。现为全国爱国主义教育示范基地。

红花岭铁路站舍——抗日活动接头站旧址

红花岭铁路站舍——抗日活动接头站旧址位于牡丹江市绥芬河市阜宁镇永胜村红花岭自然村。红花岭铁路站舍建于1903年，接绥芬河、东宁、绥阳，是抗日战争时期重要接头站。1943年5月，抗联刘雁来小分队根据黄花岗（红花岭）接头人提供的情报，截击日军一辆大胶皮车，歼敌8人，缴获弹药8箱、手榴弹3箱、歪把子机枪2挺。目前这里是绥芬河市文物保护单位和爱国主义教育基地。

绥芬河别勒洼出入境通道遗址

共产国际交通线绥芬河别勒洼出入境通道遗址位于牡丹江市绥芬河市东南别勒洼中俄边境。1921年，共产国际远东书记处在上海、北京、哈尔滨设立交通联络处，开通了从大连海路通往上海、陆路通往北京的交通线，其中在绥芬河、满洲里建立了秘密国际交通中转站。1928年6月，中共六大在莫斯科召开，绥芬河交通站承担了部分代表的迎送任务。

从绥芬河通往俄罗斯格罗捷阔沃边境站的别勒洼出入境通道回国的有周恩来、邓颖超、李立三、蔡畅、邓中夏、杨之华、向忠发、张国焘等人。

齐齐哈尔

革命烈士殉难地

革命烈士殉难地位于齐齐哈尔建华区北方华安工业集团有限公司原建华厂文化宫西侧。《黑龙江民报》事件和张永兴领导的地下军事情报站等抗日烈士在此殉难。

《黑龙江民报》事件，亦称“六一三”事件或“齐齐哈尔共产党案件”。1934年末，中共党员王甄海来到齐齐哈尔，任黑龙江民报社社长，开展抗日宣传活动，后被日伪破坏。1936年8月15日，王甄海、金剑啸等5人被分别杀害于现在的革命烈士殉难地。

1934年，张永兴受中共党组织的委派到齐齐哈尔，建立地下军事情报站，收集日、伪军的军事情报，后被日伪破坏。1937年1月5日，张永兴等8人被枪杀于现在的革命烈士殉难地。

马识途烈士牺牲地

马识途烈士牺牲地位于齐齐哈尔市中心城区北部，市第二医院院内。原是一座独立的高级住宅，始建于清末民初，1945年12月，此处为嫩江省政府主席于毅夫宿舍。

同年12月24日，国民党反动官员赵岳山会同军统特务，深夜潜入宿舍院内，企图刺杀于毅夫，误入省政府代理秘书长马识途室内。马识途为掩护领导和战友，慷慨赴难，英勇牺牲，年仅42岁。为纪念烈士，教育后人，齐齐哈尔市政府将烈士遇难地辟为市级文物保护单位和爱国主义教育基地。

西满革命烈士陵园

西满革命烈士陵园位于齐齐哈尔市铁锋区陵园路2号，占地面积4万平方米，是一座建园较早、知名度较高、安葬烈士较多的陵园。陵园始建于1947年8月16日，1948年4月5日正式竣工。竣工时，毛泽东为陵园题词“共产主义是不可抗御的！星星之火可以燎原！死难烈士万岁！”。朱德题词“浩气长存”。西满革命烈士陵园为黑龙江省文物保护单位、全国重点烈士纪念建筑物保护单位、黑龙江省爱国主义教育基地、全国爱国主义教育示范基地。

三〇五精神永放

3005 次支前列车纪念碑

3005次支前列车纪念碑位于齐齐哈尔市昂昂溪区齐齐哈尔机务段院内。1948年秋天，东北人民解放军根据毛泽东主席“攻锦打援”的作战方针，于9月12日攻克昌黎，揭开辽沈战役的序幕。国民党军队靠空中优势疯狂轰炸人民解放军后方运输线，并派遣大批特务分子混进铁路部门。我前方军火供给被中断，军情十分危急。1948年9月27日晚10时许，东北人民解放军总部和东北铁路总局部署齐齐哈尔铁路管理局昂昂溪分局，组成16人特殊包乘组，列车公布为3005次，历经5天5夜，克服了重重艰难险阻，成功将8车弹药、22车榴弹炮弹和火箭炮弹全部送到解放军手中。3005次支前列车纪念碑于1998年兴建，2010年被哈尔滨铁路局公布为革命传统教育基地。

八百英烈纪念园

八百英烈纪念园位于齐齐哈尔市建华区双合墓园。纪念园于2001年9月17日落成。八百英烈主要有在1946年解放齐齐哈尔战斗中壮烈牺牲的东北民主联军官兵；有在剿匪战斗中光荣牺牲的解放军官兵；有原中国人民解放军东北军区第二陆军医院收治的在解放战争和抗美援朝战争中光荣负伤医治无效而病逝的官兵；有在解放初期齐齐哈尔民主建政、经济恢复中因病去世的地方领导干部等革命先烈。八百英烈纪念碑，主碑高8.99米，象征899位革命英烈。两侧副碑呈现八字形，宛如双鹤以双环托起主碑，寓意八百英烈永远活在鹤城人民心中。远眺纪念碑，似一枚火箭昂然待发，预示我们的祖国蒸蒸日上，兴旺发达。

东北人民解放纪念
全区人民立

东北人民解放纪念碑

东北人民解放纪念碑位于齐齐哈尔市碾子山区站北街北端、火车站正北0.9千米处的重山园中。该碑始建于1946年，它的前身是1935年日本侵略者为8名被中国人民打死的日本人建立的所谓“忠魂碑”。抗战胜利后，碾子山人民将石碑上刻着的“忠魂碑”拆除，利用原来的碑基建造了这座东北人民解放纪念碑。1996年，碑顶换成了手持钢枪的东北民主联军战士石雕像。2004年6月，碑志《碾子山人民翻身记》压缩篇幅，变成韵文，用繁体隶书镌刻在黑色大理石上，安装在碑体背面。东北人民解放纪念碑是东北人民英勇抗日并获得翻身解放的见证。1987年被公布为齐齐哈尔市文物保护单位，并镶嵌了革命纪念地标牌。

泰来县烈士陵园

泰来县烈士陵园位于齐齐哈尔市泰来县泰来镇新建社区。1953年，为纪念在解放战争、抗美援朝和社会主义建设中英勇牺牲的106名革命烈士，中共泰来县委、县政府在泰来县城南郊区修建了泰来县烈士陵园。陵园内建有张平洋将军纪念碑、革命烈士纪念碑、无名烈士墓、八卦形砂石水泥墓。园内安葬烈士126名。坐落在陵园中心位置的是合葬墓，安葬无名烈士37名，89名有名字的烈士墓围绕在无名烈士墓周围，每座烈士墓前都立有墓碑。泰来县烈士陵园于1996年被中共泰来县委公布为泰来县爱国主义教育基地。

張學洋將軍紀念碑

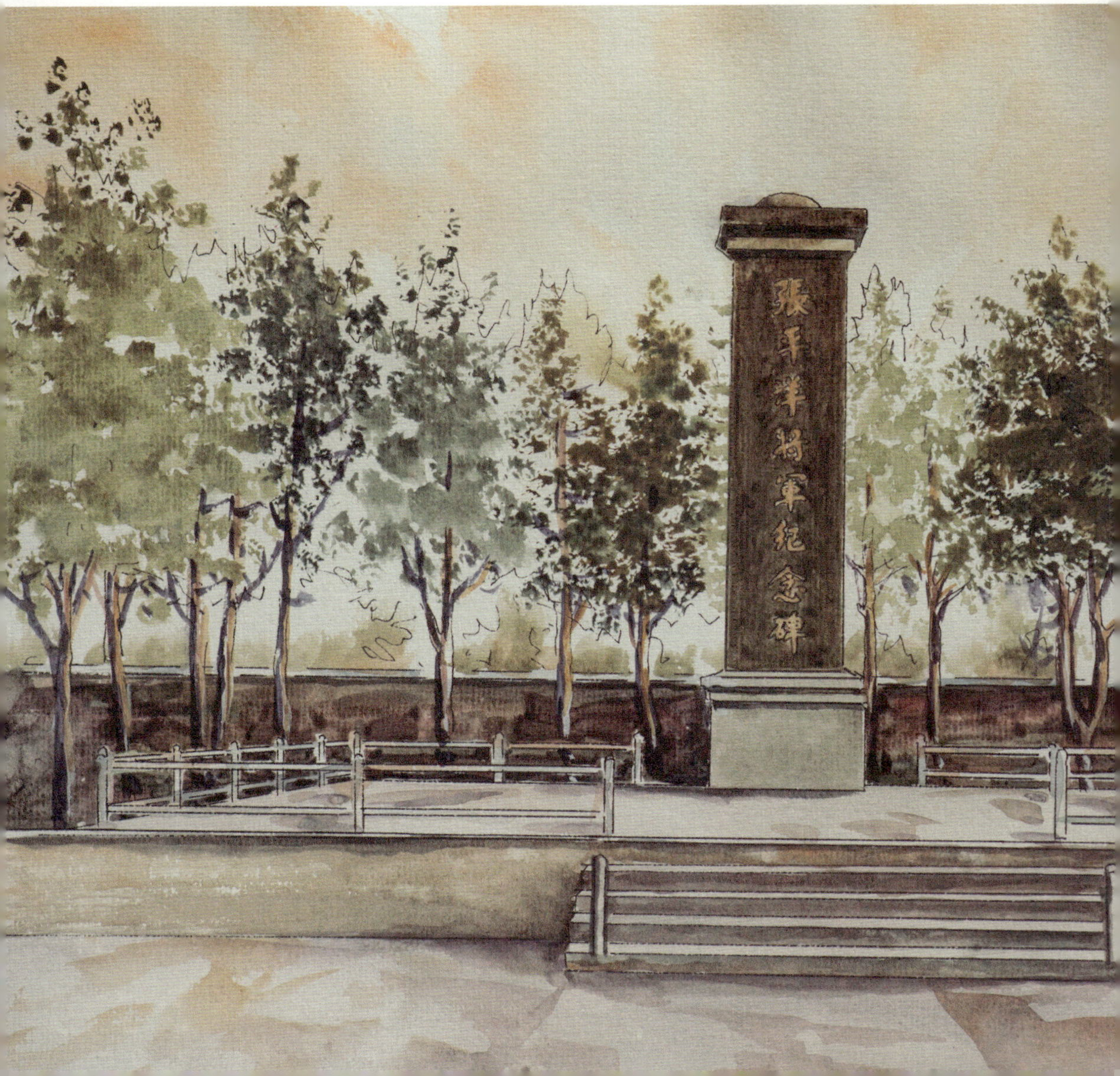

张平洋将军纪念碑

张平洋将军纪念碑位于齐齐哈尔市泰来县泰来镇南郊烈士陵园内。张平洋，河北省遵化县人，中共党员。1933年在冀热辽地区从事革命活动。1940年被派遣到泰来、江桥一带从事抗日救国活动。1945年日本侵略者投降后，任嫩江人民自卫军副司令员和嫩南军分区司令员。1945年11月28日被泰来县地方维持会反动分子杀害。1946年10月，泰来县人民政府在泰来火车站前修建了“张平洋将军纪念碑”。1977年7月，重建新碑。1999年，张平洋将军纪念碑移至烈士陵园。1981年被公布为县级文物保护单位，1996年被公布为泰来县爱国主义教育基地。

革命烈士纪念碑

龙兴镇革命烈士纪念碑

龙兴镇革命烈士纪念碑位于齐齐哈尔市龙兴镇东北街，龙兴镇人民政府东侧。1946年9月30日，匪首佟长平纠集二十几名土匪进入李三店区，包围了区中队大院，刘健、李超、赵义恒三位革命同志被害牺牲。为纪念三位烈士，李三店区人民于1948年修建了三烈士墓并立碑。1974年，龙兴镇人民政府将烈士墓迁至百米之外的现址重新修建。2000年，龙兴镇人民政府对三烈士墓进行再次修建，并在纪念碑后侧建立了赵义恒、刘健、李超、姜学志、袁维民五位革命烈士碑林。1980年被龙江县人民政府公布为县级文物保护单位，1998年8月被中共龙江县委、县人民政府公布为龙江县爱国主义教育基地。

双阳镇孟常烈士纪念碑

双阳镇孟常烈士纪念碑位于齐齐哈尔市依安县双阳镇孟常村东1500米处。1946年6月，依安县开始土地改革运动，孟昭义任村农会主任，常明昌任村武装队长。清算斗争初期，依安县区、乡基层政权尚未建立，被斗争的恶霸地主、土豪劣绅暗中勾结政治土匪，妄想反攻倒算。8月25日晚，地主王祥勾结匪首张明久，把孟昭义、常明昌骗到王祥家，而后将二人活埋。1986年10月，依安县人民政府在二位烈士墓前建立纪念碑，1984年公布为县级文物保护单位，1986年公布为依安县爱国主义教育基地。

革命烈士永垂不朽
孟常村烈士墓

革命烈士纪念碑

克东革命烈士纪念碑

克东革命烈士纪念碑位于齐齐哈尔市克东县二克山东侧，地势平坦，东、北、西三面是大片松林，南临通村公路。为纪念在抗日战争中牺牲在克东境内的革命烈士，1953年3月，在县城东北隅修建了一座革命烈士塔，该塔在“文革”中被破坏。1977年7月，在二克山南麓重建了革命烈士纪念塔，1999年拆除。民政局在二克山东侧再次重建革命烈士纪念碑，2000年5月竣工。碑身高2米，正面朝南，在黑色大理石上镌刻着“革命烈士纪念碑”7个金色大字。上面是3位抗联战士头像在迎风招展的红旗上的造型。碑南面建有1100平方米的水泥地面广场，气势雄伟，庄严肃穆。每逢清明节，全县机关干部、中小学生、各界人士都到碑前瞻仰祭扫，开展爱国主义和革命传统教育。

拜泉县烈士陵园

拜泉县烈士陵园位于齐齐哈尔市拜泉城东南，距202国道东400米处的颐泉山公墓东侧。陵园由革命烈士纪念碑、烈士灵堂、革命教育展馆、烈士墓区、公德墙等组成。进入陵园正前方是4000平方米的广场，广场的南面是一座高15.6米的革命烈士纪念碑。碑身底部正面为拜泉军民抗击匪患战斗场景的浮雕，碑身呈宝剑形。纪念碑后面两侧为王墉、张祥烈士墓。再后侧为墓区，是10位在战争年代和建设时期献身的烈士墓碑。南侧为14个烈士合葬墓。广场的西北侧建有王墉旅长铜像和一座270平方米的烈士纪念堂及革命教育展馆。广场的北部建有两座公德墙。纪念碑东西两侧各建一处烈士英名录墙。拜泉县烈士陵园于2007年被县委、县政府公布为拜泉县爱国主义教育基地。

革命烈士纪念碑

大庆地区石油工业遗址、遗迹

松基三井

松基三井，即松辽平原第三口基准井，位于大庆市大同区高台子镇西部。松基三井纪念碑正面朝东，象征着中国石油工业如东方红日蓬勃向上。主碑石重30吨，寓意大庆油田发现30周年，侧面是油砂体示意图，背面雕刻着井口喷发的油花及彩灯组成的1949—1959—1989双庆图案，顶面是大庆油田长垣示意图。主碑形似卧虎，踞于石，寓意中国石油工人“宁肯少活二十年，拼命也要拿下大油田”的顽强革命精神。2001年6月25日被国务院公布为全国重点文物保护单位。

松基三井

铁人一口井

铁人一口井，又称为萨55井，是铁人王进喜1960年4月率1205钻井队到大庆参加石油会战打的第一口井。该井位于大庆市萨尔图区解放南村，是一口详探井。60年来，这口井一直是自喷井，持续为中国加油。铁人一口井是大庆精神、铁人精神的重要发祥地和传承地，是对广大石油工人进行会战传统教育、弘扬铁人精神的生动课堂。2004年4月被中国石油天然气集团公司授予企业精神教育基地，2013年被国务院公布为全国重点文物保护单位。

一口井

“五把铁锹闹革命”精神发源地

创业庄是“五把铁锹闹革命”精神发源地，位于大庆市红岗区。当年“五把铁锹闹革命”的工人家属在荒地上建起了大庆油田的第一个职工家属生活基地，家属自己动手，大搞农副业生产，既给国家减轻了负担，又增加了职工的家庭收入，还解决了职工、家属两地分居等问题，对稳定职工队伍起到了积极的作用。随后这里便有了商店、理发店、幼儿园等配套设施，这里也成为大庆创业者的丰碑，被称为“创业庄”。

良
传
统
革命”
地
创业庄家属基地

大庆缝补厂精神发源地

大庆缝补厂精神纪念室坐落在缝补厂精神发源地——现大庆市东风新村经一街11号的物资集团职业服装公司（前身是大庆第一针织厂）院内，于2007年10月建成。纪念室占地面积132平方米，分“创业篇”“服务篇”“关怀篇”“荣誉篇”“发展篇”5个部分，以缝补厂精神的历史发展为脉络，以历史图片、实物、雕塑、宣传片等多种表现形式，详细直观地再现了缝补厂精神的形成和发展历程，给参观者以深刻启迪和教育。2007年6月，缝补厂精神发源地被确定为首批工业遗产、大庆市文物保护单位。

五排六十五井组

“四个一样”发源地纪念碑

5-65井组现隶属于大庆油田第一采油厂第二油矿北八队，是大庆会战传统“四个一样”的发源地。在油田会战的艰苦岁月里，以井长李天照为代表的5-65井组工人，把高度的自觉精神和严肃的工作态度结合起来，严格执行岗位责任制不走样，形成了“对待革命工作要做到：黑天和白天一个样，坏天气和好天气一个样，领导不在场和领导在场一个样，没有人检查和有人检查一个样”的“四个一样”好作风。该井组被黑龙江省委宣传部、中国石油天然气集团公司确定为爱国主义教育基地。

大庆油田历史陈列馆

大庆油田历史陈列馆隶属于大庆油田第一采油厂，位于大庆石油会战指挥部旧址——“二号院”，是黑龙江省文物保护单位。陈列馆2005年3月开始筹建，2006年9月26日落成开馆。该馆是中国第一个工业题材原址性纪念馆，全面回顾大庆油田发展历程，系统展示大庆油田各类英雄群体、宝贵经验、巨大贡献以及党和国家领导人对大庆的亲切关怀，突出表现共产党领导建设社会主义工业企业成功典范的深刻主题。2009年，被中共中央宣传部公布为全国爱国主义教育示范基地，2017年入选《全国红色旅游经典景区名录》。

陈列馆

铁人王进喜纪念馆

铁人王进喜纪念馆位于大庆市让胡路区中原路2号。纪念馆建筑外形为“工人”二字组合，象征这是一座工人纪念馆；顶部为钻头造型，正门台阶共47级，寓意铁人王进喜47年不平凡的人生历程。展览以“爱国、创业、求实、奉献——石油魂”为主题，集中展示铁人王进喜生平业绩以及用终生实践所体现出的大庆精神、铁人精神。铁人王进喜纪念馆是国家一级博物馆，是全国青少年教育基地、全国爱国主义教育示范基地、中国石油天然气集团公司企业精神教育基地和中国旅游文化示范基地。2017年入选《全国红色旅游经典景区名录》。

大庆油田
第一座水泥

第一座水源纪念石

大庆油田第一座水源——西水源位于大庆市让胡路区，于1960年4月26日建成投产，是大庆油田第一座水源。西水源主要担负让胡路、萨尔图部分地区生产、生活用水供给任务。是大庆石油会战“百面红旗”单位，中国石油天然气集团公司“百面红旗”单位。2004年5月，西水源被公布为中国石油天然气集团公司企业精神教育基地。2007年2月，被授予大庆石油管理局基层建设“十面红旗”单位称号，并被命名为“处处体现责任心的西水源”。

陈家大院泡丛式井

陈家大院泡丛式井位于大庆萨尔图油田南一区中部，由第一采油厂第七油矿503采油队所属的一个井组管理，1989年7月投产，开发面积为35万平方米。井组有员工3人，全部为女同志，管理油水井18口、计量间1座、配水间1座、配电间1座。井组先后被评为黑龙江省、大庆市和大庆油田有限责任公司“巾帼建功”岗。优美的环境，整洁的井场，勤劳的女工和忙碌的抽油机群，浓厚的石油工业特点和科技文化内涵，使采油平台成为油田一张亮丽的名片。2007年6月，二号丛式井采油平台入选首批工业遗产保护名录，为大庆市文物保护单位。

大庆石油科技馆

大庆石油科技馆位于大庆市让胡路区。内部展厅重点展示大庆油田发现60年来广大职工坚持把高度的革命精神和严格的科学态度结合起来，高速度、高水平建成了我国最大石油生产和化工基地的科技创新发展历程、勘探与开发技术进步及配套工程技术。大庆石油科技馆展示主体突出、内容丰富、手段先进、动静结合、功能完善，是一座反映石油科技题材的大型现代化专业科技馆。

斗 技 馆

大庆石油馆（油立方）

2011年，中共大庆市委、市政府倾力将原上海世界博览会石油馆整体迁建至大庆，成为永久性建筑。目前，石油馆位于大庆市萨尔图区，占地总面积4000平方米，建筑面积6190平方米。该馆陈展包括石油对人类历史和城市发展作用的内容、4D电影，驻场演出等。大庆石油馆以淡蓝色为主色调，表达出“石油，延伸城市梦想”的主题意境，以寓教于乐的精神传递科普知识理念，以文化视觉展示石油文明的魅力，已经成为大庆市旅游观光的重要景点之一。

OIL

肇源博物馆

肇源博物馆位于大庆市肇源县肇源镇中央大街。博物馆建于1999年，馆内现有6个展厅，分别是古动物化石展厅、历史文物展厅、肇源大地革命英烈展厅、建国五十周年展厅、前进中的肇源展厅和“98抗洪”展厅。肇源大地革命英烈展厅为博物馆主体部分，共分为两个单元，第一单元为松嫩江畔的抗日烽火，第二单元为建立巩固的根据地，支援解放战争。展区分为“解放战争”“夜袭肇源城”“敖木台之战”“地下党及抗日救国会”“日寇侵略罪证”“一级战斗英模张宏书事迹”“抗联先遣队”等几个部分，展出了东北抗日联军指战员耿殿臣、庞振武、张瑞麟、赵希程、王化清等的生平事迹，收录了大量日军侵华的罪证。

肇源博物馆于2001年11月被黑龙江省委、省政府公布为黑龙江省爱国主义教育基地。

王震将軍率師開发北大荒纪念碑
江泽民

建设北大荒的遗址、遗迹

王震将军率师开发北大荒纪念碑

纪念碑位于王震将军早年踏查过的八五一〇农场十队的东南角——鸡西市密山市当壁镇。南濒兴凯湖，北倚完达山，与俄罗斯仅一桥之隔。将军忠魂永守国门。纪念碑主体高9.9米，红色天然大理石上镌刻着1993年9月4日由江泽民亲笔题写的“王震将军率师开发北大荒纪念碑”14个金色大字。王震将军被称为“新中国农垦事业的奠基人”。1954年到1990年，他多次来到北大荒指挥开发建设，亲身参加劳动，将汗水和开发建设的热情一并浇注在这片黑土地上，建设出了今天“密虎宝饶千里沃野变良田，完达山下英雄建国立家园”的美好景象。将军“青史留垂，拓荒者英名常念。逝者如斯，北大荒精神永存！”

雁窝岛烈士纪念碑

雁窝岛，隶属于黑龙江农垦总局红兴隆管理局八五三农场，被誉为北大荒精神的摇篮。由于特殊的地理环境，雁窝岛的开发极其艰难。在艰苦创业的年代里，一批批开发建设者献出了青春和生命。转业官兵罗海荣，在创业初期为抢运油粮光荣牺牲，时年26岁；支边青年张德信，在龙口夺麦的过程中，为抢修收割机，背负塔形齿轮渡河而光荣牺牲，年仅22岁；知识青年陈越玖，立志扎根边疆，身患癌症仍顽强坚持工作，临终前遗言：我是北大荒人，把我的骨灰葬在北大荒，终年24岁。为了纪念英模，缅怀先烈，弘扬北大荒精神，1976年5月，原黑龙江生产建设兵团第3师第21团第4营建立了雁窝岛烈士陵园。烈士纪念碑高8.1米，碑的南面刻有“为人民利益而死重于泰山”，北面刻有“革命烈士永垂不朽”8个大字。三位烈士的墓碑矗立在陵园中。

革命烈士永垂不朽

鸡西市

中共梨树路矿事务所支部

中共梨树路矿事务所支部位于鸡西市梨树区原穆棱矿办公楼西南300米处。1927年，中共北满地委派中共党员沿中东铁路开展建党工作。1927年7月，在梨树路矿事务所建立了鸡西地区第一个中共党组织——中共梨树路矿事务所支部。党支部建立后，把工作的重心放在教育青年积极分子和煤矿工人上，组织青年积极分子到穆棱煤矿和梨树镇内张贴标语、散发传单，宣传马列主义和革命思想，号召劳苦大众团结起来，为反对帝国主义、封建军阀统治而斗争。扩大了马列主义在梨树镇及周边地区的传播范围，增强了共产党的影响。

虎头关帝庙秘密联络站遗址

虎头关帝庙秘密联络站遗址位于鸡西市虎林市虎头山下的关帝庙，基长17米，高4.54米，木质建筑；四周花墙，庙顶黑瓦覆盖，重檐飞角，斗拱交错。庙门两侧悬挂着对联，上联：知我者其惟春秋乎；下联：乃所愿则学孔子也。1936年，关帝庙里突然出现了一个“郑疯子”，名字叫傅德海，26岁，东安镇（今密山）人。我地下党与游击队以及与苏联之间的联系，均由“郑疯子”负责，虎头关帝庙成为东北抗日联军的联络站。

關帝廟

东北老航校

东北老航校纪念馆

东北老航校纪念馆位于鸡西市密山市密山镇西3千米处。1946年3月，中国共产党在吉林通化创办了第一所航空学校——东北民主联军航空学校，又称东北老航校，这是人民空军诞生、发展和走向强大的重要里程碑。1946年11月，学校迁至东安（今密山）。2001年，密山市委、市政府为展示老航校创建及发展历程，建设了东北老航校纪念馆。纪念馆中有空军赠送的各式不同型号的退役飞机6架和高级木雕飞机模型16个，并先后征集了老航校珍贵资料、图片、实物等800余幅（件），将征集到的有关展品，设3个展厅、5个部分展出。

佳木斯市

佳木斯烈士陵园

佳木斯烈士陵园位于佳木斯市友谊路西浦森林公园南侧。安葬了抗日战争、解放战争、抗美援朝战争和社会主义建设中930位革命英烈遗骨、骨灰。陵园中央修建了高15米的革命烈士纪念碑和4000平方米的道板广场，还有60米的革命烈士英名纪念墙，镌刻了不同历史时期为保卫国家利益而英勇牺牲的佳木斯籍1236位烈士的名字。目前为全国重点烈士纪念建筑物保护单位、黑龙江省爱国主义教育基地。

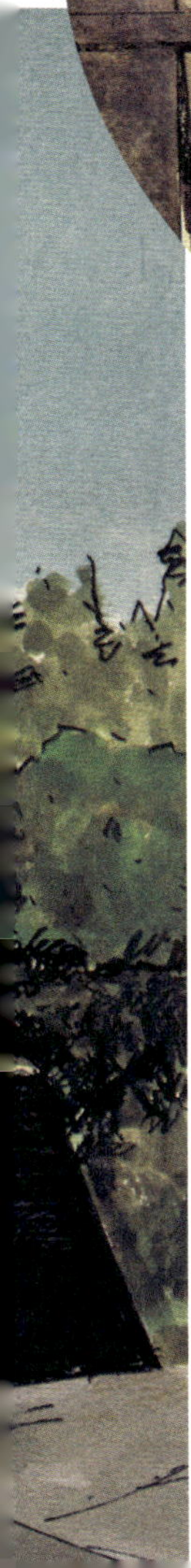

景振卿烈士纪念碑
民众救国军前敌总指挥
黑龙江省烈士纪念事业基金会

桦南县烈士陵园

桦南县烈士陵园位于佳木斯市桦南县桦南镇奋斗社区城南老广播站东100米处，桦南县政府1975年开始修建，后几经维修。大门两侧刻写着“烈士永生、浩气长存；魂魄托日月、肝胆伴河山”。入园直通烈士纪念碑，正面镌刻着“为国牺牲永垂不朽”，碑后为烈士墓地。现有墓碑42座，包括革命烈士、已故领导干部和抗美援朝战士等。陵园周围栽种了千余株林木，2005年被桦南县委、县政府公布为桦南县文物保护单位和桦南县爱国主义教育基地。

东北抗日联军战绩纪念塔

东北抗日联军战绩纪念塔位于佳木斯市郊区沿汇乡民兴村猴石山北坡。1934年至1938年，东北抗日联军第六军第四师在猴石山麓建立活动基地，东北抗联第三、第四、第五军也曾转战此地。东北抗联第六军第四师第二十三团政治部主任李廷章在此牺牲。这一带山岗林荫下，至今仍掩埋着数十位抗联先烈的遗骨。为缅怀先烈，佳木斯市委、市政府决定在抗联遗址猴石山区建立“东北抗日联军战绩纪念塔”。该纪念塔于1984年6月破土动工，11月10日举行了揭幕仪式。塔高23米，采用优质大理石和花岗岩砌筑，为四方形，四角突出，占地面积400平方米。纪念塔的南面刻有“东北抗日联军战绩纪念塔”11个大字，西面刻有《露营之歌》，东面刻有“革命先烈永垂不朽”8个大字，北面刻有反映东北抗日联军英勇抗日的塔词。纪念塔底座两层，底座直径142米，二层基座直径8米。塔身有露营、军民鱼水情、东北抗日联军战绩纪念塔战斗、胜利4幅浮雕。塔的四角分别竖有4个大火炬，高46米。东北抗日联军战绩纪念塔于1994年9月被黑龙江省委、省人民政府公布为黑龙江省爱国主义教育基地。

东北抗日联軍戦绩纪念塔

进思公园——富锦市革命烈士陵园

进思公园——富锦市革命烈士陵园位于佳木斯市富锦市城关社区嘎尔当村西。1949年，中共富锦县委、县政府将为革命献身的221位烈士遗骸安葬在嘎尔当古城所在地，称革命烈士公墓。1961年5月，安葬在富锦革命烈士纪念塔处的张进思（张甲洲）的遗骨被迁葬到这里。1990年9月，烈士公墓重修，改称富锦革命烈士陵园。2007年，为了纪念张进思诞辰100周年，富锦革命烈士陵园改称进思公园。目前这里是黑龙江省爱国主义教育基地。

宜都市革命烈士陵园

汤原县博物馆

汤原县博物馆位于佳木斯市汤原县哈肇公路中段路南。1985年12月，汤原县文物管理所借县图书馆二楼100平方米会议室设立陈列室，展出文物藏品584件。2004年9月28日，汤原县博物馆成立，与县文物管理所合署办公。博物馆免费对外开放，文物藏品增加到3400件。2008年，中共汤原县委、县政府决定筹建新馆。新馆建在哈肇公路中段南侧，为三层楼房，建筑面积为3100平方米。陈列汤原县现有的历史文物、革命文物和文史资料，并结合汤原历史、自然风情，运用新颖的形式和现代声、光、电等手段，使用新型材料，展示汤原抗日史实生态。2004年被公布为佳木斯市爱国主义教育基地，2010年被公布为黑龙江省爱国主义教育基地。

土龙山农民抗日武装暴动纪念碑

土龙山农民抗日武装暴动纪念碑位于佳木斯市桦南县土龙山镇政府西约2千米处的西小山北坡。1934年3月，土龙山地区的2000多位农民在各自保长、甲长的带领下发起反日暴动。暴动农民攻陷了太平镇（今土龙山镇）。这支队伍后经整编取名为“民众救国军”，之后被中国共产党改编为东北抗日联军第八军。2005年，桦南县人民政府兴建土龙山抗日武装暴动纪念碑。现为桦南县文物保护单位和桦南县爱国主义教育基地。

双鸭山市

七星砬子抗联密营遗址

七星砬子抗联密营遗址位于双鸭山市集贤县七星峰森林公园内。1936年，东北抗联第十一军的前身——东北抗联独立师进入此地，建立了抗联密营兵工厂、被服厂和军政干部学校等抗日基地。随后，东北抗日联军第三、第五、第六、第八军的一部分人员也相继进入此地。由于七星砬子山高峰险，易守难攻，逐渐成为抗联活动最频繁、最重要的抗日游击区，李兆麟等抗联将领经常带领队伍转战于这一带。现今七星砬子抗联密营遗址已成为省级森林公园的重要组成部分，得到完整的保护。

珍宝岛革

珍宝岛革命烈士陵园

珍宝岛革命烈士陵园坐落在双鸭山市宝清县城东2千米处，始建于1969年，1984年进一步扩建。2007年8月陵园改扩建工程实施，陵园占地面积36000平方米。珍宝岛革命烈士陵园是专门为纪念珍宝岛自卫反击战而建造的，园内安葬着在战斗中牺牲的5位战斗英雄和63位烈士，现建有珍宝岛自卫反击战纪念馆和汉白玉五英雄纪念碑。1988年，陵园被公布为省级重点烈士纪念建筑保护单位，2001年被公布为国家级重点烈士纪念建筑保护单位。

双鸭山烈士陵园

双鸭山烈士陵园位于双鸭山市尖山区园林路北秀公园西北部。该陵园始建于1985年，重修于2002年，2003年新建一座烈士纪念馆，全面展示了抗日战争、解放战争以及社会主义革命和建设时期，在双鸭山市辖区内战斗过的革命先烈、英雄人物的先进事迹。双鸭山烈士陵园于1999年1月被黑龙江省人民政府公布为黑龙江省重点烈士纪念建筑物保护单位，2001年11月被黑龙江省委、省政府公布为黑龙江省爱国主义教育基地。

抗联英烈

饶河抗日游击队纪念碑

饶河抗日游击队纪念碑位于双鸭山市饶河县饶河镇南山公园。

饶河县是东北地区重要的抗日游击区之一，是东北抗日联军第七军的发祥地。1986年9月，饶河县建立了饶河抗日游击队纪念碑。1990年，在纪念碑以北又建成了饶河革命烈士纪念馆。饶河抗日游击队纪念碑的碑文概述了东北抗日联军第七军在与日、伪军殊死搏斗中成长壮大的过程。纪念碑由花岗岩及钢筋混凝土构成，碑高166米，四周有雕刻着松针、松果图案的汉白玉围栏。碑身顶端矗立着一位持枪前进的抗联战士雕像，高6.9米，全部由花岗岩筑成。

饶合抗日游击队纪念碑是全国重点烈士纪念建筑保护单位。

饒河抗日游擊隊紀念碑

遼河烈士陵園

饶河烈士陵园

饶河烈士陵园位于双鸭山市饶河县饶河镇三义村。陵园始建于2000年，占地4万平方米，其中主墓区占地5000平方米，建有牌楼、拱桥、办公室等基础设施。牌楼为水泥大理石建筑，高8.6米，宽12米。饶河烈士陵园不仅记录着东北抗日联军第七军将士在饶河这片土地上为之奋斗、英勇拼杀、流血牺牲的光辉业绩，而且是珍宝岛反击战死难烈士的纪念场所。

饶河烈士陵园于2003年10月被黑龙江省烈士纪念事业基金会公布为文物保护单位和爱国主义教育基地。

鹤岗市

赵尚志将军遇难地

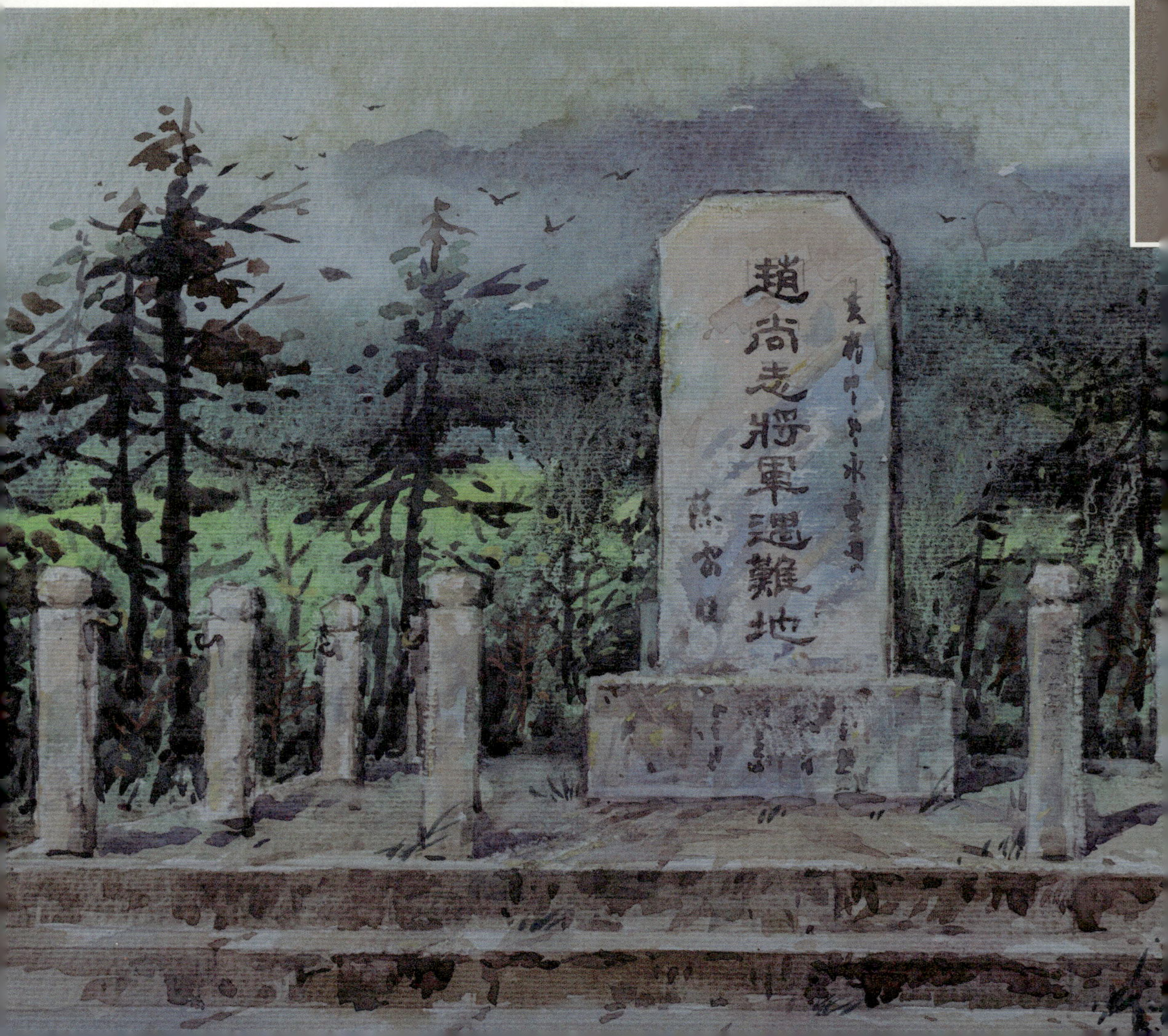

赵尚志烈士纪念园——赵尚志将军遇难地

赵尚志烈士纪念园——赵尚志将军遇难地位于鹤岗市萝北县境内鹤北林业局尚志林场西北11千米处。1942年2月12日，赵尚志率部队袭击梧桐河伪警察分驻所，行至距目的地2千米的吕家菜园子附近时，特务刘德山突然从背后开枪，赵尚志腰部中枪扑倒在地，随即被特务张锡蔚领来的伪警察队包围，赵尚志被俘，后壮烈殉国。1995年鹤北林业局在该遗址立纪念碑。2006年，鹤北林业局建立了尚志文化广场，铸赵尚志铜像。目前这里是黑龙江省文物保护单位、黑龙江省爱国主义教育基地。

尚志村赵尚志纪念碑

尚志村赵尚志纪念碑位于鹤岗市萝北县尚志村东侧的拐角处。1941年10月，赵尚志带领4名战友从苏联再次回到东北鹤立（今鹤岗）北部山区活动。1942年2月12日被捕，8小时后在伪梧桐河警察分驻所壮烈殉国，时年34岁。1984年8月16日，宝泉岭农场管理局兴建赵尚志将军纪念碑，1986年被萝北县人民政府公布为萝北县爱国主义教育基地。

鐵骨忠魂
趙尚志將軍永垂不朽

绥化市

北林区革命烈士陵园

北林区革命烈士陵园位于绥化市西南郊市人民公园内。北林区革命烈士陵园始建于1955年7月1日，占地面积14000平方米，建筑面积500平方米。1987年4月进行过一次改造。2008年4月，绥化市对陵园又进行了一次维修改建。革命烈士陵园由革命烈士纪念堂和革命烈士碑组成。纪念堂内存放193名烈士骨灰，其中老红军烈士2名，抗日战争时期烈士2名，解放战争时期烈士52名，社会主义革命和建设时期烈士19名，无名烈士118名。革命烈士碑高9米，建筑面积100平方米。北林区革命烈士陵园是黑龙江省爱国主义教育基地。

克音河火车站党支部旧址

克音河火车站党支部旧址位于绥化市绥棱县绥棱镇西侧绥棱火车站处。中国共产党在绥棱的早期活动始于1930年，并建立了该地第一个党的外围组织反帝大同盟。1935年上半年，铁路工人李永祥等3名铁路员工秘密加入中国共产党，并建立了绥棱县第一个党支部——中共克音河火车站党支部。克音河火车站党支部在海伦县委的直接领导下，积极开展抗日救亡活动，组织武装斗争，秘密发展抗日义勇军组织，工作成绩显著。该旧址于2006年被绥棱县人民政府公布为绥棱县文物保护单位和县级爱国主义教育基地。

白马石——东北抗联西征会师地遗址

白马石——东北抗联西征会师地遗址位于绥化市绥棱县四海店镇新立屯东北约3千米处。1936年至1939年末，东北抗日联军西征部分，先后分批进入绥棱县境内，均以白马石为会师地。各路抗联部队于白马石会师后，召开会议，研究抗敌方略，然后分赴八道林子、大青观、白皮营、南北河等密营，择机打击日本侵略者。白马石——东北抗联西征会师地遗址于2006年被绥棱县人民政府公布为绥棱县文物保护单位和绥棱县爱国主义教育基地。

白馬石

林枫同志故居纪念馆

林枫同志故居纪念馆位于绥化市望奎县望奎镇凌枫路1号。林枫，1906年出生于黑龙江省望奎县，1924年参加革命，1927年加入中国共产党。曾先后任中共地下党北平、天津市委书记，中共中央北方局组织部部长，山西省委书记，东北行政委员会主席等职务，1977年因病逝世。故居纪念馆占地面积5000平方米，有馆藏文物400余件，其中保存有林枫珍贵遗物33件，3件为一级革命文物。目前这里是黑龙江省文物保护单位、黑龙江省爱国主义教育基地。

姚明久烈士纪念碑

姚明久烈士纪念碑

姚明久烈士纪念碑位于绥化市肇东市明久乡政府南路东。姚明久（1911—1941），1931年参加抗日义勇军，1938年加入东北抗日联军第三路军高吉良组织的抗日救国总会金山堡分会，进行有组织的抗日活动。1940年12月，抗联第三路军第十二支队奉命撤离“三肇”。伪满政府和日军讨伐队对“三肇”抗日民众和中共地下组织进行了疯狂的讨伐。1941年2月姚明久被铺。敌人对他进行威胁利诱不成，便严刑拷打，姚明久腿被打断，手指被夹折，仍宁死不屈。3月22日，姚明久被敌人用箩筐装着抬上车，在肇州县城南门外被杀害。1999年10月，乡党委决定修建姚明久烈士纪念碑，2001年10月姚明久烈士纪念碑被肇东市人民政府公布为肇东市文物保护单位和肇东市爱国主义教育基地。

明水革命烈士纪念碑

明水革命烈士纪念碑位于绥化市明水县人民公园西北角。1931年九一八事件发生后，明水人民奋起反抗日本侵略者。1932年10月，东北民众抗日救国军军长邓文率部进入明水县城，说服伪县长卢浚海弃暗投明，在明水组建了抗日救国军第19旅，数以百计的明水青年参加了这支队伍。1939年至1944年，东北抗日联军第六支队几次来到通肯河畔开展抗日斗争，明水人民给予了大力支援。1945年日本投降后，全县有7250名青年参加了中国人民解放军，其中有数百人在战场上光荣牺牲。明水县人民政府为了纪念在抗日战争、解放战争、抗美援朝战争中牺牲的烈士，于2000年8月建成革命烈士纪念碑，同年被明水县人民政府公布为明水县爱国主义教育基地。

永垂不朽

伊春市

东北抗日联军政治军事学校遗址

东北抗日联军政治军事学校遗址位于伊春市伊春区天华大桥南侧。1936年1月26日至28日，“东北民众反日联合军军政扩大联席会议”在现伊春市南岔区浩良河经营所密林中的伐木人小屋里召开，会议决定成立东北民众反日联合军总司令部，推举赵尚志任总司令、李兆麟任总政治部主任。同时决定“设东北民众反日联合军政治军事学校”，正式名称公布为“东北抗日联军政治军事学校”，校长由赵尚志担任。东北抗日联军政治军事学校遗址是伊春市文物保护单位。

市级文物保护
东北抗
第三军被服厂
西林区 人民政府
西林铅锌矿

西林区抗联第三军被服厂遗址

西林区抗联第三军被服厂遗址位于伊春市西林区18千米西北沟。1936年8月，中共北满省委决定，在小西林河上游密林深处老道庙沟娘娘宫一带建立抗联第三军被服厂。省委决定派金伯文担任被服厂党支部书记，陈静芝为厂长。厂址设在沟南山麓阎把头家(4间木刻楞房)，配备1台旧马神牌缝纫机。被服厂一共15人，除阎把头和小把头外，大部分是女同志。1937年4月，被服厂被人告密，阎把头得知消息后，向陈静芝汇报，决定立即转移，全体人员在陈静芝率领下，把物资经汤梨川转移到帽儿山省委留守处。日军小分队袭击被服厂，小把头壮烈牺牲。该遗址于2006年被伊春市人民政府公布为伊春市文物保护单位。

抗联遗址老钱柜纪念碑

“老钱柜”抗联战斗遗址

“老钱柜”抗联战斗遗址位于伊春市上甘岭溪水国家森林公园的中南部。日军侵入汤原后，为掠夺木材，防备抗日活动，于1935年10月建立了汤原伪山林警察大队，抓劳工、征牲口、盘剥压榨群众。1936年3月，赵尚志为建立汤旺河谷根据地和扩大游击区，率军西征，途中写信指示李兆麟要想尽一切办法，拔掉盘踞在老钱柜的伪汤原警察队及其所属全部武装。3月19日下午，李兆麟亲自率领100余人组成的队伍，从浩良河东山出发，经三昼夜的行军到达岔巴气，连夜智取“老钱柜”，一举推毁了盘踞在汤旺河沟里的顽敌，为建立后方根据地奠定了坚实的基础。该遗址1988年被公布为伊春市文物保护单位，2006年被公布为伊春市爱国主义教育基地。

抗联遗址

密营盘

公海洋
一九九四年八月

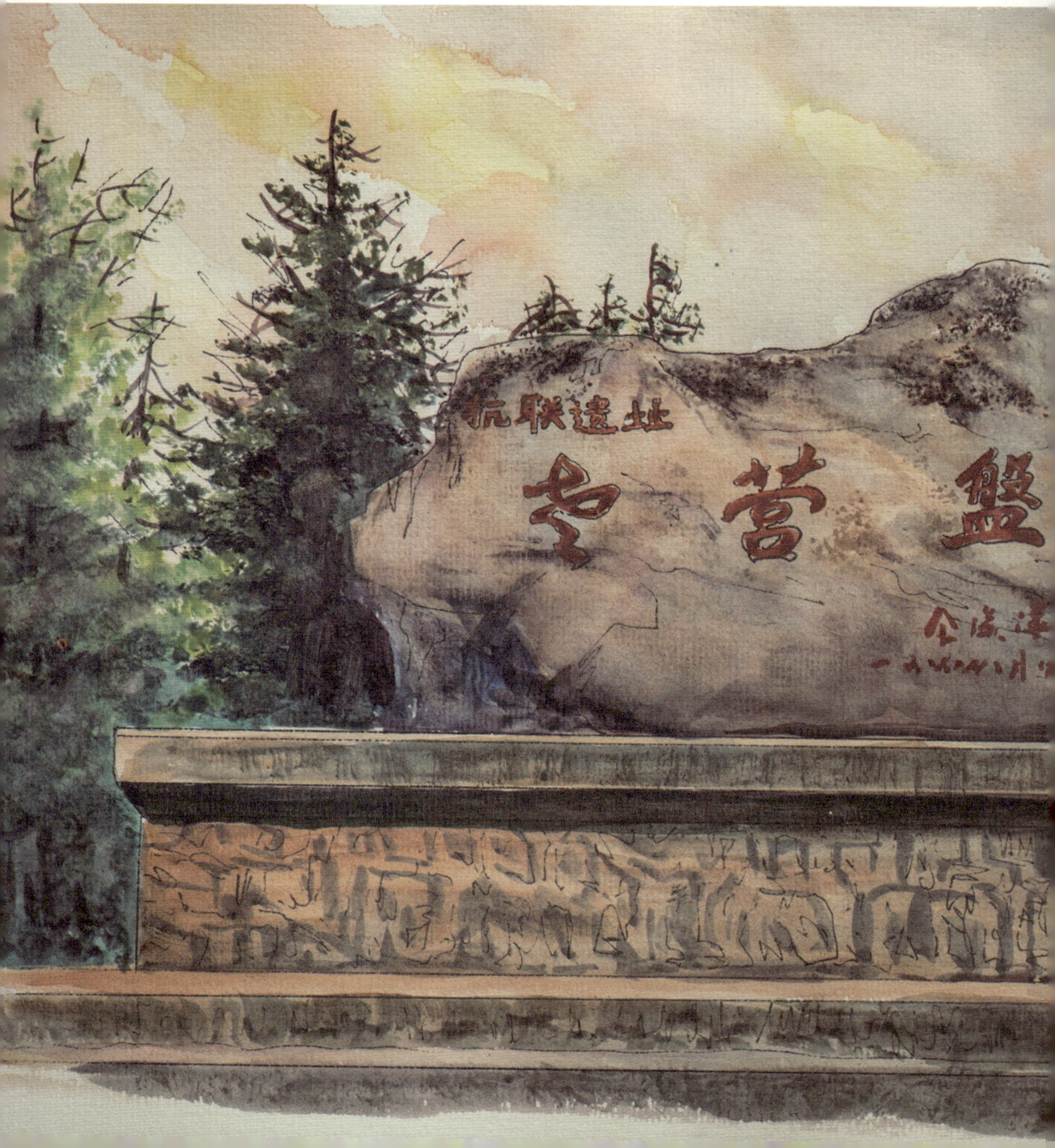

抗联“老营盘”遗址

抗联“老营盘”遗址位于伊春市翠峦区翠峦林业局北山经营所123林班（翠峦镇西南山）。1936年3月，李兆麟按赵尚志的指示，率领抗联将士袭击“老钱柜”(上甘岭区)，使汤旺河谷完全在抗联控制之下，全面展开了根据地建设。同时和在伊春河畔的东北抗日联军政治军事学校在翠峦南山脚下建起了一个储存物资的仓库，抗联战士都叫它“老营盘”。这里有两栋半地窨子木刻楞房子，坐北朝南，两房相距20米左右。1937年春节过后，金伯文、于桂珍和李兆麟掩护20多名伤病员从铁力到达翠峦“老营盘”。1952年10月，冯仲云带4名警卫员回访翠峦，在南山脚下找到了两栋已倒塌朽木残存的半地窨子房屋。东北抗日联军遗址“老营盘”于2005年7月被公布为伊春市爱国主义教育基地。

东北抗联下江地区总部遗址

东北抗联下江地区总部遗址位于伊春市美溪区美溪林业局金沙河林场。1938年末，为适应斗争形势需要，东北抗日联军下江地区总部和中共下江特委驻地密营设在西梧桐河发源地，即现金沙河林场。1939年夏，时任中共北满省委常委的冯仲云到下江地区指导工作。在此期间，冯仲云接见了李敏等从苏联回国的抗联第六军第一师的同志，并介绍了国际和国内形势。至1941年4月，东北抗联下江地区总部在这里领导和指挥了下江地区抗日斗争。该遗址于2007年被黑龙江省人民政府公布为革命老区林场。

伊春市博物馆

伊春市博物馆（现名伊春恐龙博物馆）位于伊春市伊春区新兴西大街1号。该馆始建于1998年，改建于2006年，建筑面积4500平方米，展厅面积2659平方米。馆内设有伊春历史文物、小兴安岭抗日斗争史等8个基本陈列。抗联展厅主要展出革命文物200多件和历史照片150多幅。陈列采用文物、版面展示与历史场景相结合的形式，配以声、光、电等现代化手段，全面、生动地展示了伊春人民在中国共产党的领导下，与日、伪军进行长达14年的艰苦斗争。该处是黑龙江省爱国主义教育基地。

透龙山中共北满省委临时会议遗址

透龙山中共北满省委临时会议遗址位于伊春市铁力市工农乡北星村东，铁力林业局施业区马永顺林场（二股林场）西南1千米透龙山上，北距依吉密河1千米。1939年12月中旬，中共北满省委临时会议在透龙山上的透龙洞召开。洞内南北深18米，东西宽7.5米，共计66平方米。洞内东壁镌有抗联老战士陈雷题字：“中共北满省委依吉密会议遗址。”透龙山中共北满省委临时会议遗址于2001年被铁力市人民政府公布为铁力市文物保护单位。

乌拉嘎镇革命烈士纪念碑

乌拉嘎镇革命烈士纪念碑位于伊春市嘉荫县东南部，距朝阳镇（嘉荫县城）57千米，南与萝北县为邻，西与新青区接壤。乌拉嘎镇因产黄金闻名中外，1939年被日伪政权侵占，并设立金株式会社永林公司。1937年3月，抗联第三军第一团政治部主任于保合和第一连连长王玉生率领抗联第三军留守第一团第一连指战员40余人，袭击并攻占马连站。4月初，又攻打了金满沟金矿。1946年8月，合江省军区鹤立中心县独立团政委刘仲甫率队解放了乌拉嘎金矿。为纪念殉国烈士，乌拉嘎金矿工人建立了革命烈士纪念碑，后乌拉嗄镇政府又重新修建了乌拉嘎镇革命烈士纪念碑。该纪念碑于1988年被伊春市人民政府公布为伊春市文物保护单位。

乌拉嘎镇革命烈士纪念碑

黑河市

黑河旅俄华侨纪念馆

黑河旅俄华侨纪念馆位于黑河市爱辉区王肃街72号。纪念馆为一栋百余年的二层欧式建筑，展出人物图片900余幅，实物1000余件。展出内容翔实、厚重，横跨100余年，涉及党、政、军、民、学、商、文化及隐蔽战线，是一部内容丰富的旅俄华侨史、早期马克思主义思想在中国传播和留苏（俄）人员学习奋斗报效祖国史的教科书。

2011年被中共黑龙江省纪委、黑龙江省监察厅评为首批黑龙江省廉政教育基地。纪念馆楼房现为中国侨联爱国主义教育基地。

黑河烈士公园

黑河烈士公园位于黑河市南郊黑嫩公路2.5千米处。1949年5月，为缅怀在抗日战争及解放战争中牺牲的烈士，黑河专署在黑河南门外(原爱辉县拖修厂西侧)修建砖混结构烈士纪念塔后，陆续将62茔烈士墓迁入该地，并公布为黑河烈士陵园。1950年9月烈士纪念塔建成。1982年黑河行署对纪念塔进行修葺。1992年该陵园迁移到现址，亦将62茔烈士墓迁移至此安葬。陵园占地2.26万平方米，四周设有砖砌围墙，内植有大量树木、草坪，地势平坦，林木茂盛。2007年6月被黑河市委、市人民政府公布为黑河市爱国主义教育基地和国防教育基地。2010年黑河市民政局对黑河烈士陵园进行修葺，并更名为烈士公园。

輝煌戰績
百世傳揚

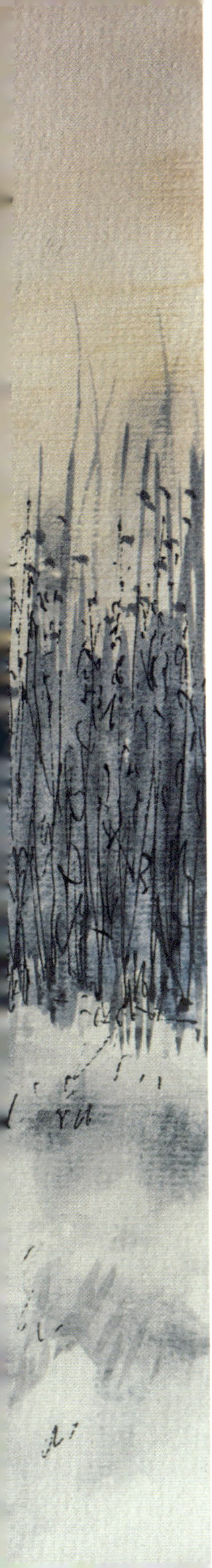

冰趟子战迹地遗址

冰趟子战迹地遗址位于北安市赵光镇前进村东75千米的小兴安岭西沿。冰趟子是原通北县城通往东部山区车辆的必经之地，这里夏天是沼泽地，冬天是一片冰甸子，“冰趟子”因此得名。1937年3月7日上午，赵尚志率东北抗联一部，与日、伪军在此地进行了激烈战斗。此役歼灭日、伪军一部，冰趟子战斗是东北抗日联军史上以少胜多的一次经典战例。

2004年10月，抗联老战士李敏受陈雷、王明贵两位抗联老同志的委托，亲自到冰趟子战斗旧址，主持修建了冰趟子战斗“辉煌战绩 百世传扬”纪念碑。

黑龙江报社旧址

黑龙江报社旧址分为两部分：印刷厂旧址位于黑河市北安市交通路十三道街南侧，旧址主体建筑则位于今北安农校院内。1945年抗战胜利后不久，我党接管了伪满北安康德新闻报社，更名为黑龙江报社。1949年5月，黑、嫩两省合并后，报社迁至省会齐齐哈尔。该旧址曾作为北安农校的办公楼及图书馆使用，保存基本完好。黑龙江报社旧址于2006年3月被黑河市人民政府公布为黑河市文物保护单位。

图书馆

赵光烈士纪念碑

赵光烈士纪念碑位于黑河市北安市赵光镇火车站。赵光（1922—1945），原名赵光彩，河北藁城人，17岁参加革命，1938年加入中国共产党。1945年11月中旬，被派遣到通北县开展工作，任黑龙江省通北县政府政务秘书。12月18日通北县保安大队发生叛乱，叛军进攻县政府和县公安局。次日，赵光去中共北安省工委汇报工作，在通北火车站被叛匪枪杀，年仅23岁。1949年6月20日，中共通北县委、县政府为纪念赵光烈士，将通北车站改名为赵光车站，并在车站站台上修筑了赵光烈士的衣冠冢和赵光烈士纪念碑。2006年被公布为黑河市文物保护单位，2007年被公布为黑河市爱国主义教育基地。

趙光烈士纪念碑

东北抗联第三路军
总指挥部遗址
一九三九年五月三十日至一九四七年七月十九日

五大连池市朝阳山抗联密营遗址

五大连池市朝阳山抗联密营遗址位于黑河市五大连池市(原德都县)东北60千米的朝阳山乡境内。1938年6月,东北抗日联军第三军第五师在军长赵尚志的领导下,深入朝阳山地区,建立了第三军后方基地。以后,抗联第九、第十军的部队也陆续到达朝阳山地区(后改为第三路军第三、第九支队)。1939年5月30日,东北抗日联军第三路军在这里正式成立,李兆麟任总指挥,冯仲云任政治委员,许亨植任参谋长,下辖第三、第六、第九、第十二共4个支队,设龙南、龙北2个地区性指挥部。这里从此便成为抗联第三路军的总指挥部。抗联在这里先后建立了医院、修械所、被服厂、军政干校等后方机关。五大连池市朝阳山抗联密营遗址于1992年被公布为德都县文物保护区,1993年被公布为黑河市文物保护单位,2005年被公布为黑龙江省文物保护单位,2007年被公布为黑河市爱国主义教育基地。

五大连池市革命烈士纪念碑

五大连池市革命烈士纪念碑位于黑河市五大连池市青山公园内正北约1000米处。纪念碑始建于1959年，纪念在抗日战争、解放战争时期牺牲的烈士。1995年，在青山公园内重建革命烈士纪念碑，碑身镌刻赵青山等200余位革命烈士英名。青山烈士陵园和青山公园均以为保卫德都县（今五大连池市）而牺牲的革命烈士赵青山的名字命名。赵青山（1895—1945），河南省宜阳县韩城镇人。1937年参加八路军，1939年加入了中国共产党。抗日战争胜利后，随中央干部团于1945年9月挺进东北。11月22日，到德都县开展工作，任中共德都县工委委员、人民自治军独立营副营长。12月26日晚，在德都反革命叛乱事件中被叛军杀害。青山烈士陵园于1995年4月被黑河市委、市政府公布为黑河市爱国主义教育基地。

革命烈士纪念碑

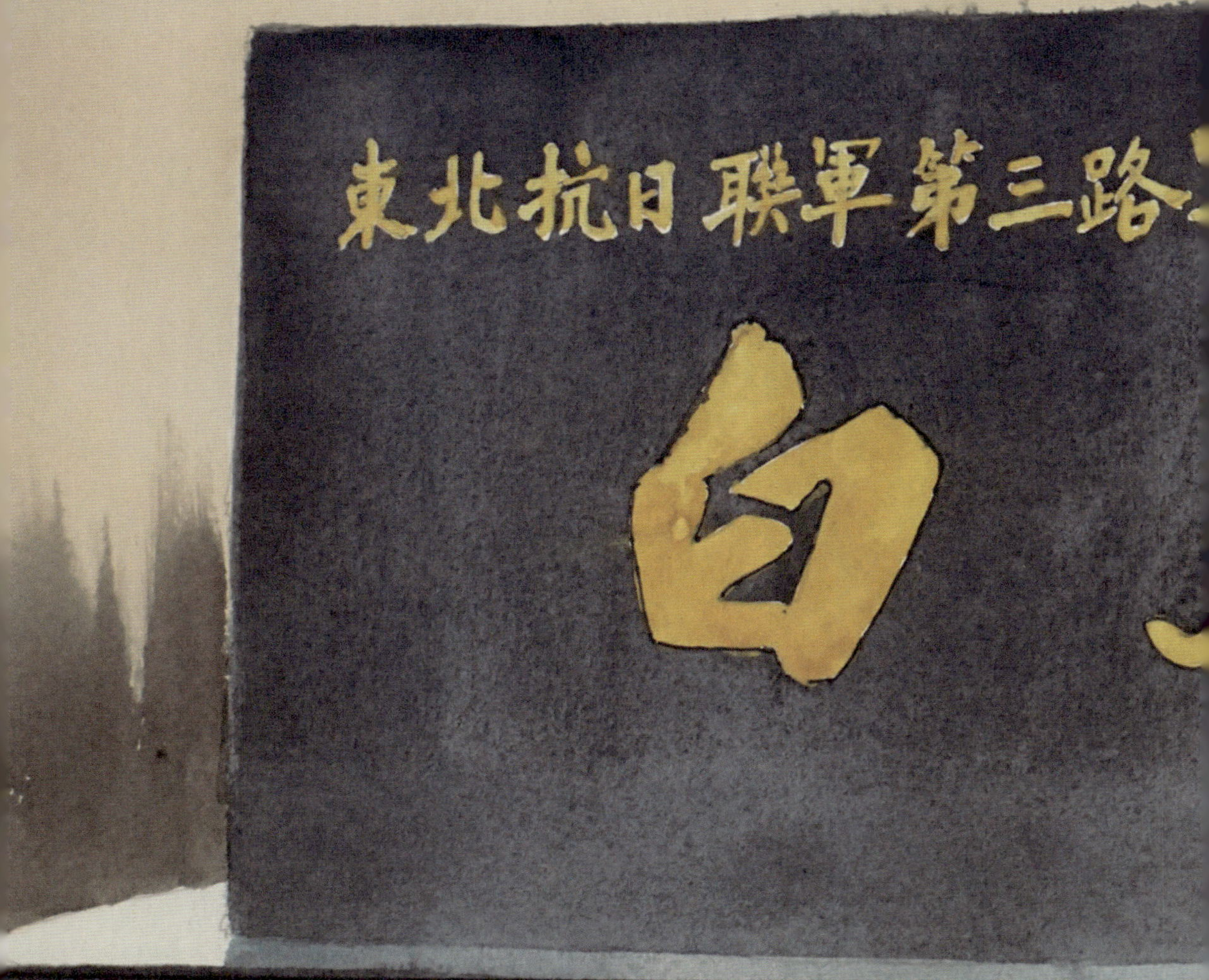

东北抗日联军第三军白皮营指挥中心遗址

东北抗日联军第三军白皮营指挥中心遗址位于黑河市通北林业局前进林场境内。1939年1月2日，在八道林子白皮营，李兆麟以中共北满临时省委代表的身份召开西征部队师团职干部会议，会上宣布成立东北抗联西北指挥部，总指挥李兆麟，政治委员冯仲云，副总指挥许亨植，参谋长冯治纲。会议决定西征部队各军、师、团在番号不变的情况下编成了4个支队，2个独立师。设立龙南、龙北2个临时指挥部。会后各部队依托小兴安岭山区，在黑嫩平原迅速展开抗日游击战和地方群众工作，在北满抗日斗争中发挥了重要作用。东北抗日联军第三军白皮营指挥中心遗址于2010年6月被黑河市人民政府公布为黑河市文物保护单位。

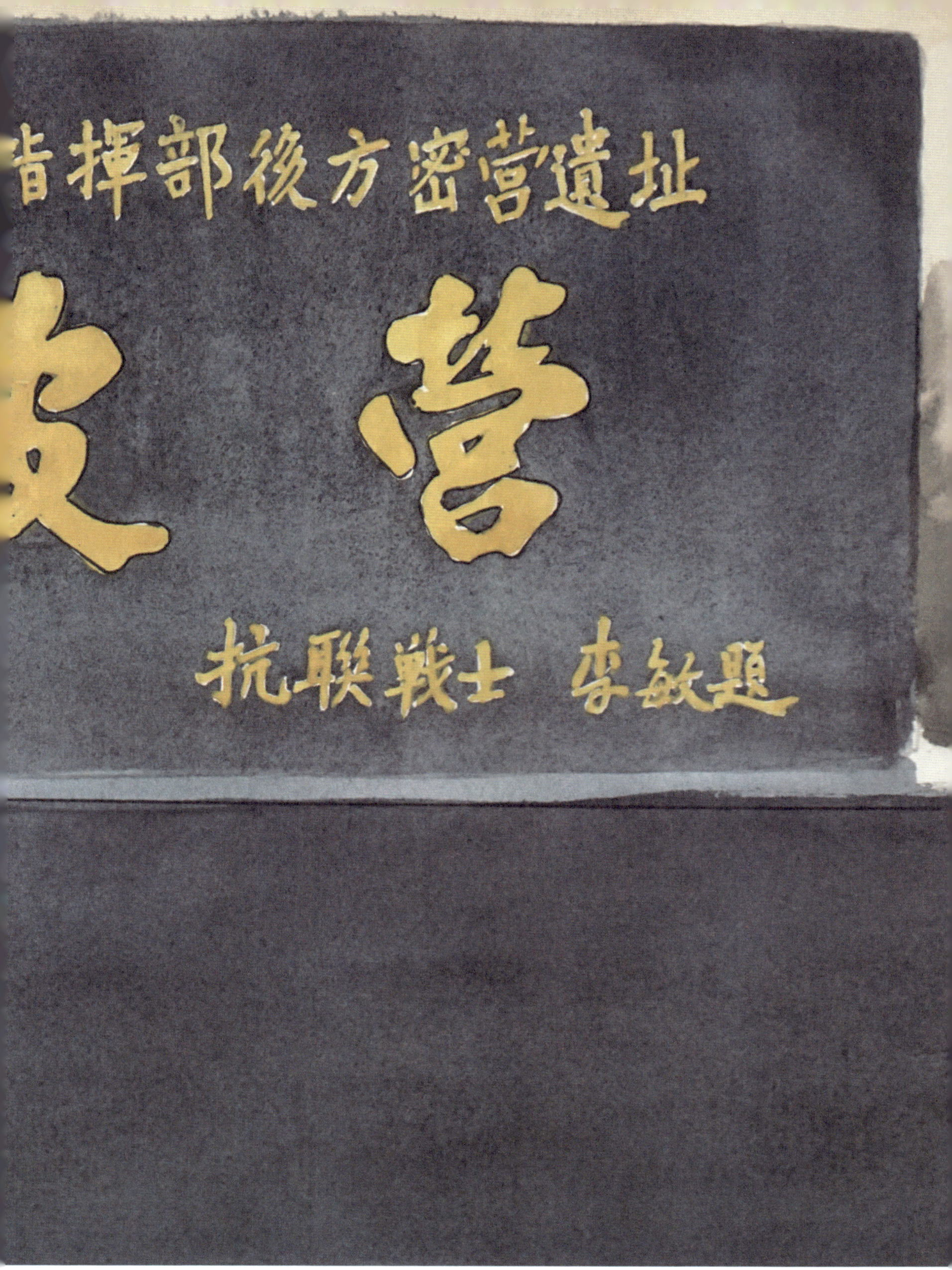
揮部後方密營遺址
營
抗聯戰士 李敏題

霍龙门大捷遗址

霍龙门大捷遗址位于今黑河市嫩江县霍龙门乡北岗村侵华日军火车站建筑群，东距霍龙门林场约50米。1940年10月30日，东北抗日联军第三支队为解决部队越冬装备和补充给养问题，由朝阳山出发直扑霍龙门。入夜后，部队迅速包围了驻军营地和火车站，日军和伪军仓皇逃窜，有的被击毙，有的被俘获。东北抗日联军第三支队控制了霍龙门，打开日军仓库，战士都换上了日军装备，补充马匹和弹药，用畜力大车装运一车战利品，剩余物资分给当地群众，房屋设施和带不走的物资悉数烧毁。1988年10月30日，嫩江县政府为纪念霍龙门大捷，在战斗原址立纪念碑。1995年4月被黑河市委、市政府公布为黑河市爱国主义教育基地。

大兴安岭地区

大兴安岭地区东北抗日联军第三路军第三支队烈士纪念碑

东北抗日联军第三路军第三支队烈士纪念碑位于大兴安岭地区松岭区小扬气镇。1942年，东北抗日联军第三路军第三支队指战员连续攻打8个呼玛流域的金矿。当队伍转回伊勒呼里山南麓，驻扎在海拉驿（今松岭林业局壮志林场）时，被日、伪军偷袭。由于第三支队所处地形平旷，不利于隐蔽，伤亡惨重，包括大队长徐保合在内的百余名战士为国捐躯。纪念碑于1986年10月建成，2003年10月被大兴安岭地区行署公布为松岭区文物保护单位。

烈士纪念碑

后 记

为贯彻落实习近平总书记关于弘扬革命文化、传承红色基因的系列重要讲话精神，切实把革命文物保护好、管理好、运用好，发挥好革命文物在党史学习教育、革命传统教育、爱国主义教育等方面的重要作用，教育部高等学校社会科学发展研究中心、高等学校中国共产党革命精神与文化资源研究中心、牡丹江师范学院组织编写了《红色旧址手绘系列读本》。

编写动议始于2017年，经过几年的磨合，形成了以图证史、以省域为单位分卷绘制的总体框架。每卷以中国共产党领导全国各族人民进行革命、建设、改革的伟大奋斗历程为主线，以承载重大历史事件或重要历史人物活动的革命旧址为主要绘制对象，以艺术的张力展现百年大党的光辉历程、伟大成就和宝贵经验。

自2020年2月启动以来，理事会秘书处多次邀请有关党史专家对系列读本的编写提纲、书稿初稿和修改稿进行专题研讨和集中审读，就系列读本的风格体例、总体框架、绘制方法、艺术表现等内容进行了多次研讨。在此过程中，注意充分发挥集体攻关的优势，统一思想，协调行动，确保编写质量。

系列读本由教育部高等学校社会科学发展研究中心主任王炳林、牡丹江师范学院原副院长（现黑河学院院长）杨敬民任总主编，朱喜坤、储新宇任执行主编，崔文龙、朱博宇、张翔参与了书稿的审改工作，并做了大量的组织协调工作。全书由王炳林、杨敬民负责统改定稿。

系列读本实行分卷主编负责制。本卷由牡丹江师范学院负责组织编写，陈君、李洪光、焦红瑞任主编。参与本书编绘的人员有张应力、宁玉峰、邱娜、朱丹、孙海佳、王雅馨、陈彦彦、李万鹰、陈立勇、张躬。李蓉、张彦夫审改了书稿。中共黑龙江省委宣传部对全书认真审读、严格把关，确保了史料的真实性和准确性。

本书是2021年度国家社科基金重点项目“中国共产党革命精神谱系研究”（项目编号：21ADJ011）的阶段性成果，是教育部社科中心基本科研业务费专项资金项目“中国共产党百年红色文化研究”（项目编号：GY202006）的成果，得到2017年度黑龙江省哲学社会科学研究规划项目“东北抗联日文档案文献资料整理、翻译与研究”（项目编号：17DJB003）与2019年度黑龙江省高等教育教学改革重点委托项目“东北抗联精神实践教学基地建设模式的研究与实践”（项目编号：SJGZ20190063）的资助，得到了牡丹江师范学院中国抗联研究中心的大力支持，得到了中国文史出版社的大力支持，在此表示衷心感谢。

系列读本编委会

2021年12月